大学の歩き方・学問のはじめ方

新しい「自分」の可能性を見つけよう

大島寿美子
柿原久仁佳
金子大輔［著］
平野恵子
松浦年男

ミネルヴァ書房

はじめに

みなさんは今，どんな気持ちで本書を手に取っているでしょうか。これから始まる大学生としての生活にワクワクドキドキしているでしょうか。それとも，「うまくやっていけるかな」と期待と不安が入り交じっているでしょうか。一人暮らしが始まり，新鮮な気持ちで「勉強もアルバイトも遊びも頑張ろう」と楽しみにしているところでしょうか。あるいはすでに大学に入学して数年がたち，このままでよいのかと悩んでいるところでしょうか。それとも新たな気持ちで自分の学び方を見直したいと決意を新たにしているところでしょうか。

大学という場所のよさは自由であることです。そして，みなさんが自由になるために大学はあります。でもこの「自由」は，取り扱いが難しいのです。国立国会図書館には「真理がわれらを自由にする」という言葉が掲げられています。自由になるためには学ぶことが欠かせません。また，自由という漢字は，「自らに由る」と書きます。哲学者の鈴木大拙は「自らに在り，自らに出り，自らで考え，自らで行為し，自らで作ること」が自由であると述べました（鈴木大拙（1969）『東洋と西洋』鈴木大拙全集第21巻，岩波書店，219頁）。自由であるためには，「自分」というものとの付き合い方を学ぶ必要があります。

本書は，大学生のみなさんが自由に学び，学びを通して自由になるために，大学という場所で大学生としての時間をどう過ごすかをみなさんが自ら考えるためのガイドブックです。外国に旅に出る人にとって1冊の旅行ガイドが心強い味方となるように，大学生として歩き出すみなさんをさまざまな角度から応援する旅のお供のような存在となることを目指して書かれました。

大きな特徴は，卒業後をみすえて大学の学びを捉えていることです。学生として過ごす数年間は，生涯にわたって磨き続けられる汎用性のある知識や技術を身につけることができる貴重な時間です。しかしそのことをあまり意識していない学生が多いように思います。とてももったいないことです。大学時代には，授業や研究，サークル活動やアルバイト，友人や教職員との関わり，ボランティアや社会活動を通して，知識や資格を得るだけでなく，人との関わり方や社会での振る舞い方から，物事の見方や好奇心の満たし方，自分の成長させ方まで，みなさんにとって一生の宝となる力の基本を身につけることができます。そのためにどこで何をどのようにするかはみなさん次第。本書ではみなさんが自分なりの方法でその力を身につけることができるよう，案内をしていきます。

第Ⅰ部では，大学での学びの特徴や大学生活の過ごし方について解説します。第Ⅱ部では，「場所」としての大学と大学生の暮らしを見つめながら，「大学の歩き方」を身につける方法を説明します。第Ⅲ部では，学問を始めるうえで習得したいスタディスキルの基本を紹介します。

初年次（1年生）の学生は，未知の経験に対する不安を緩和し，主体的に学んだり人と関わったりするための態度や姿勢が学べます。高年次の学生にとっては社会との関係や自分の進む道を意識しながら大学生活や学問について改めて考える機会になると思います。

全部で11章ありますが，どこから読んでもわかるように執筆しました。ぜひ折々に頁を開いてみてください。その都度，自分が活用していない資源や学びの機会に気づいたり，課題や授業への取り組みに心を新たにしたり，何かしら得るものがあるはずです。

2022年12月

著者を代表して

大島寿美子

大学の歩き方・学問のはじめ方

——新しい「自分」の可能性を見つけよう——

目　次

はじめに

第Ⅰ部　大学生として歩き出す君へ

第Ⅱ部　大学の歩き方——「場所」としての大学と大学生の暮らし

第Ⅲ部　学問のはじめ方——身につけたいスタディスキル

第Ⅰ部
大学生として歩き出す君へ

第1章　大学生の1日，1年
——毎日を大切に

大学生の生活は授業や研究が中心です。もちろんそれ以外にも，サークル活動やアルバイトなどもあります。大学生の1日の過ごし方について考えてみましょう。また，長期休暇は自身を成長させる絶好の機会です。その過ごし方や活かし方についても考えてみましょう。

1　授業と研究

大学生の基本は授業

大学生がいちばん時間を使うのはやはり授業でしょう。一般的に，月曜日から金曜日までの1時間目から5時間目までの間で授業が行われます。6時間目以降や土曜日に授業が行われることもあります。なお，地域や大学によっては，時限を「1時間目」ではなく「1講目（いっこうめ）」や「1限目（いちげんめ）」などと呼ぶことがあります。

高校までと違い，すべての時限に自分が履修する授業が入っているわけではありません。授業が入っていない，空いている時間は「空きコマ」「空き講」などと呼ばれますが，図書館で本を読んだり友人とラウンジで話をしたりサークル室で練習をしたりなど，思い思いに過ごすことができます。

授業にはさまざまな種類がありますが，大学設置基準という省令では「講義」「演習」「実験」「実習」「実技」に分かれています（第25条）。「講義」は教員が講義を行い学生がそれを聞くこと（座学）が基本形式です。大学の授業では最も標準的なもので，多くの授業がこれに当たります。そのため，「授業」のことを「講義」という学生もいます。最近は講義を聞くだけでなく，グル－

プワーク，討論，発表など，より能動的な活動（アクティブ・ラーニング）を取り入れている授業も多くあります。

「演習」は，比較的少人数で多様な活動を中心に授業が行われる形式で，いわゆるゼミ（後述します）がその代表例です。「実験」「実習」「実技」はその名の通り，実験や実習などを中心に行う授業のことで，たとえば心理学実験，教育実習，体育実技などがあります。授業の種類については，第8章の第1節も参照して下さい。

多くの授業では出席を取ります。とくに1年生向けの必修科目や，演習系の科目などでは出席が非常に重要です。休まないで授業に参加しましょう。欠席する場合はその授業のルールに従ってください。たとえば事前に教員に連絡する，所定の書面を提出するなど，それぞれの授業により対応は変わります。また欠席した場合には，自分でその授業内容を補わなくてはなりません。できれば次回の授業までに自分で対応し，不明な点があれば教員に尋ねるなどしましょう。

単位と学習時間

各授業科目には「単位」が設定されています。大学設置基準では1単位を取得するために必要な学習時間として45時間が必要であるとされています。そのうち授業時間は，授業の方法に応じ，15時間から45時間までの範囲で各大学が定めることになっています（第21条）。

一般的な授業は2単位の講義または演習なので，学習時間は計90時間になります。授業時間は1回あたり90分から120分程度なので約2時間と考えて，授業回数が15回とすれば，授業時間の合計は30時間しかありません。残りの60時間は，予習・復習，課題の実施，試験の準備など授業時間外で学習する前提なのです。単純に15回で割れば毎回4時間の授業外学習が必要です。仮に予習と復習に同じ時間を割くとすれば，毎回2時間の予習と2時間の復習が必要だという計算になります。

もちろん実際にどの程度の時間を予習・復習に当てるかは授業によっても違

いますし，同じ授業でも回によって違います。ですから，単純に予習・復習を毎回２時間ずつ行わなければならないと考えるのではなく，予習は次回の授業内容に目を通して理解しづらいところをピックアップしておく，復習は授業でわかりづらかった点について調べ直して内容を再確認し，さらに興味を持ったことについて追加で調べておく，などを心がけて授業外学習に取り組むとよいでしょう。

課題

授業では課題が課されることがあります。課題は，授業時間内で終わるものもありますし，授業時間外に実施することが前提のものもあります。授業内で終了する課題にはたとえば，授業の感想や質問などをその場で書いて提出するミニットペーパーやリアクションペーパーなどがあります。また，プログラミングの授業では，授業中に条件に沿ったプログラムを完成させて提出する，などの課題があるかもしれません。これらは，授業で取り扱った内容を確認する目的で行われることが多いため，比較的短時間で完成するでしょう。しかし，完成しなかったり，完成までに時間がかなりかかったりした場合は，授業の内容をきちんと理解できていないことが考えられます。その場合，担当の教員や同じ授業を履修している友人に確認して，なるべく早くに理解できていない点を解消しておくことが必要です。

授業で課される課題の多くは，授業時間外に実施することが前提になっています。あるテーマについてミニレポートを書く，発表のための資料（レジュメ）を作成する，次回の授業のために作成された動画を見て簡単にまとめを作成する，などさまざまな課題があります。１週間で終わるものもあれば，完成までに何週間もかかるような課題もあるでしょう。課題に取り組む時間をきちんと決めて，少しずつでもよいので着実にこなしていきましょう。締め切り前に慌てて取り組み始めることのないようにしたいものです。課題の結果は成績評価にもつながります。ですから，すべての課題をしっかりこなして確実に提出することが大切です。

また，課題を提出するときに注意すべき点がいくつかあります。まず締め切りです。締め切りから遅れるとそれだけ評価が低くなります。締め切り後は一切提出を受け付けない課題もあります。締め切り日だけでなく，締め切り時間にも注意しましょう。毎週多くの授業で課題が出されますので，どの課題がいつ締め切りかを自分自身で管理しなければなりません。スケジュール帳にメモする，Todo管理ソフトやタスク管理ソフトを活用するなどしましょう。

次に，課題を提出する前に，課題提出時の細かい条件をもう一度確認しましょう。提出する場所はどこでしょうか？　紙に印刷してレポートボックスに提出する，ファイルのままLMS（Learning Management System, MoodleやManabaなど大学で用意された学習管理システムのこと）に提出する，メールで添付書類として提出する，など提出方法・提出場所は多様です。提出時の様式はどうでしょうか？　紙の場合は表紙をつけるのでしょうか？　ファイルの場合はファイル名の指定はありますか？　そのほか，細かい指示が出ている場合があります。ちょっとした間違いで減点されてしまうこともありますから，チェックリストを自分で作成するなどして，何度も確認してから課題を提出しましょう。

試験・レポート

先ほど，課題が成績評価につながると書きましたが，授業期間終了後に実施される（授業期間中に実施されることもあります）試験やレポートの結果をもとに成績評価を行う授業もあります。試験やレポートの結果のみが成績に反映される場合もあれば，課題や授業中の様子なども合わせて反映される場合もあります。どのように成績評価が行われるかは，その授業のシラバスに明記してありますので，必ず確認しましょう。

授業期間終了後，大学が設定する試験期間（学年暦については第4章の第3節も参照してください）に実施されるのが「定期試験」です。大学によっては定期試験のために特別な時間割が組まれます。定期試験はかなり本格的に実施され，普段の授業とは異なるさまざまな取り決めが行われることも多いです。細かい点は大学によっても異なりますが，たとえば，試験中は学生証の提示が求められ本人確認が徹底される，座席指定される，最低出席日数に満たない場合は受験が認められない，やむを得ない理由で受験できなかった学生向けの再試験や追試験などの制度がある，カンニングなどの不正行為が発覚した場合は全単位の認定取り消しなどの厳しい処分を受ける，などが例として挙げられます。

試験の際に参考資料の持ち込みが許可されることがあります。「持ち込み可」であれば，教科書，ノート，参考書，辞書などを持ち込み，それらを参照しながら試験を受けることができます。持ち込めるものは授業ごとに異なっており，何でも持ち込んでよい場合もあれば，A４用紙１枚に要点をまとめた自筆の紙だけが持ち込みを許可される場合もあるなどさまざまです。もちろん「持ち込み不可」の場合は何も持ち込めず，自分の力のみで試験に臨まなくてはなりません。持ち込み不可の試験が一番大変なように思うかもしれませんが，持ち込み可の試験は参照できるものがあるため，問題が複雑になったり難易度が高くなったりする傾向があります。

なお，授業時間内に実施される試験もあります。たとえば，毎回の授業内に短い時間で行われる小テストがあります。その日の授業内容の確認や，授業外課題の確認のために行われますが，出席確認を兼ねていることもあります。そのほか，中間試験や授業最終回での試験など，１回の授業時間のほとんどを使って行われる試験もあります。これらの大きめの試験は，定期試験と同じくらい厳密に実施されることもあります。

レポートは時間制限のある試験とは違い，ある程度の時間をかけなければ完成させることはできません。指定されたテーマに関して自分の意見を論述するものや，調査したことをまとめて報告するものなど，その内容や条件はさまざまです。毎回の授業の課題として課されるレポートであれば，作成にそこまで長い時間はかからないかもしれません。しかし，授業期間終了後に「最終レポート」として課されるレポートはたいてい，必要枚数が多く，作成に時間がかかります。

レポートの書き方にはある程度決まった方法があります。大学によっては，レポートの書き方やパソコンの利用方法などのアカデミック・スキルを学べる授業が開講されています。ただ，そういったことを教わる前に，課題としてレポートが課されることもあり，その場合は自分で何とかするしかありません。幸い，レポートの書き方については多くの参考文献がありますので，まずは１冊読んでみることをおすすめします。もちろん，さまざまな授業の中で，レポートの書き方について教員が話すこともあると思いますので，それらも参考にしましょう。

ここでは，簡単なポイントのみ確認しておきます。(1)文章は基本的には「である調」を利用します。(2)どこかから文章を「引用」するときは，その引用が「公正な慣行に合致」していること，「正当な範囲内で行なわれ」ていること（著作権法第32条），出所を明示すること（同第48条）が必要です。(3)完成したら必ず読み返して推敲してください。推敲時に気をつけることは，誤字・脱字と日本語の文章です。とくに主語と述語がねじれていないかしっかりと確認しましょう。(4)指定された書式（フォーマット）を守りましょう。そのほか，レポートについては第８章の第５節，文章を書くことについては第10章を参照してください。

ゼミ・研究室

ゼミはドイツ語のゼミナール（英語ではセミナー）から来た言葉で，少人数の学生が，教員の指導の下に自ら研究を行い，発表や討論など多様な活動を行う演習形式の授業のことを指します。たとえば「１年生向けの基礎ゼミ」とは，その学問の基礎的なことを学ぶために１年生向けに開講されている少人数の演習形式の授業のことを指します。そのような形式の授業は，科目名に「演習」の文字が入っていることが多いので履修の際の参考にしてください。

また授業そのものだけではなく，その授業に出席する学生や教員の集団をゼミと呼ぶこともあります。一般的にはこの意味で使われることが多いと考えられます。「ゼミに所属する」という言葉がありますが，これは，その教員から主に指導を受けるグループのメンバーになる（ゼミ生になる）ということです。その主な指導の場が教室での演習授業です。理系では，教室での授業よりも研究室での実験や作業がメインになりますので，「ゼミ」ではなく「研究室」と呼ぶこともあります。

多くの場合３年生で所属するゼミ（研究室）を選択し，４年生ではそのまま同じゼミで卒業論文を執筆したり卒業研究を実施したりします。ただ，大学によっては２年生からゼミを選択できたり，複数のゼミに所属できたり，途中でゼミを変わったりすることもできます。また，そもそもゼミが必修ではなく，ゼミに所属しないまま卒業できる大学もあります。しかしその場合であっても，ゼミに所属して他のゼミ生と共に学ぶことを（筆者の経験からも）おすすめします。

ゼミでの学びは大学でのメインの学びと言ってもよく，自分の専門や興味に合わせてしっかりとゼミを選択しましょう。人気があるから，有名だから，友人がいるから，楽そうだから，という理由だけでゼミを選択するのではなく，自分の将来や身につけたい力，探究したいことについてじっくりと考え，できればゼミの教員や先輩ゼミ生などとも話をしてゼミを選択してください。

卒業論文・卒業研究

「卒業論文」や「卒業研究」は大学生活の集大成であり，最も重要なものです。省略してそれぞれ卒論（そつろん），卒研（そつけん）などと呼ばれます。卒業論文は，最終学年において，これまで自分が行ってきた研究活動の成果として作成する文書で，卒業論文を執筆するために行われる研究が卒業研究です。多くの大学では卒業論文の提出と合格が卒業の要件となっています。なお，一部の分野では，社会性のある活動の実施，ルポタージュや小説などの執筆，絵画や彫刻などの創作を「卒業研究」や「卒業制作」として行う場合があります。

卒業論文や卒業研究は非常に大変です。少なくとも最終学年の１年間かけてじっくり研究に取り組む必要があります。まず，テーマを自身で決めなくてはなりません。これまで学んできたことを総動員して，何が問題でどのようなテーマであればオリジナリティのある研究ができるかを考えます。さらに先行研究を調べ，必要に応じて実験や調査を行い，さまざまな視点から分析・考察し，研究を推進して論文を執筆していきます。卒業論文では，これまで書いてきたレポートとは比べものにならないほどの長文（たいてい2万字以上）を書くことになるでしょう。

もちろん1人でこれらを実施するのは不可能です。指導教員からの指導は当然ですが，それ以外にも，同じゼミ・大学・サークルの仲間や家族など，さまざまな人の支援を受けて研究を進めることになります。また，卒業論文には学問研究で求められるあらゆることが必要となります。大学での学問研究の総まとめを卒業論文で行うことができるという意味で，卒業論文が必修になっていない場合でも，積極的に卒業論文に挑戦してほしいと思います。

2　授業と研究以外の活動

サークル活動

大学生の基本はもちろん「授業と研究」ですが，それだけが大学生活ではありません。サークルに所属して仲間たちと共に過ごす時間は，キャンパスライフに彩りを添えてくれるでしょう。サークルは大学生活における「居場所」のひとつになり得ます。もしかしたらここで一生の親友や生涯の伴侶に出会うかもしれませんし，この先も熱中できる趣味が見つかるかもしれません。

サークルを選ぶときは，まず大学公認のサークルを確認しましょう。大学公認サークルには，専用の部屋（サークル室）が用意されている，運動場や体育館や教室などの施設の優先利用権がある，予算的な補助が出るなど，安心して所属できるメリットがあります。大学のウェブサイトなどを見ると，具体的にどのようなサークルがあるかがわかります。大きく分けると体育系（運動系）と文化系に分けることができます。体育系サークルにはたとえば，硬式野球・バレーボールなどの球技，柔道・剣道・弓道などの武道のほか，ダンス，スキー，陸上などがあります。文化系サークルにはたとえば，吹奏楽・軽音楽などの音楽，茶道・華道・書道などの伝統芸能のほか，演劇，映画，写真，ボランティア，ボードゲームなどがあります。多くのサークルは学生主体で運営されています。目指す方向も多様で，リーグ優勝を目指して日々練習に励んでいるサークルもありますし，皆で楽しく交流することを目的としたサークルもあります。なお，大学祭実行委員会なども，大学の公認サークルまたはそれと同等のものとして位置づけられていることがあります。

自分の大学にはない種類のサークルに入りたい場合は，自分の大学ではなく，他大学のサークルを選んでもよいかもしれません。自分の大学では得られないつながりを求めて，あえて他大学のサークルや大学とは関係のない一般のサークルを選ぶこともあるでしょう。加入できるサークルは１つだけとは限りません。複数のサークルに所属することもできます。

いずれにしてもサークルに加入する前に，そのサークルではどのような活動をしていて，どのような人が所属しているのかを調べておきましょう。そのうえで，実際に見学に行ったりすでに所属しているメンバーから話を聞いたりして，雰囲気が自分に合うかどうか，活動日にサークルに行けそうかなど細かいところを確認します。そして，自分の興味や時間的余裕なども考慮に入れて，所属するサークルを決めましょう。今すぐ加入しなくても問題ありません。サークルへの加入は１年生の春に限られているわけではありませんので，多くのサークルでは，学年が上がってからの加入も歓迎してくれるでしょう。

ところで，大学で一部のサークルは「部活」と呼ばれることがあります。週に何度か練習を行う体育系のサークルや，サークル名が「〇〇部」だと部活と呼ばれることが多いようです。そのサークルに所属している学生自らが「部活」と言う場合もあります。高校までの「部活動」と同じイメージなのかもしれません。

アルバイト

大学生活において，サークルと同じくらい重要な役割を果たしているのがアルバイトです。日本学生支援機構（2022）の調査によれば，2020年において，アルバイトをしている時間が週６時間以上の学生の割合は62.2％と全体の約６割を占めています。それと比べて，大学の授業の予習・復習・課題などが週６

時間以上の学生の割合は51.4%，部活動・サークル活動が週6時間以上の学生の割合は20.2%ですから，長時間アルバイトをしている学生が多いことがわかります。また同調査によれば，1年間の収入総額のうち，アルバイトが占める割合は19.0%で，収入全体の約2割に達しています。これらから，アルバイトが大学生にとって非常に重要な収入源であること，学生が実際に多くの時間をアルバイトに費やしていることがわかります。

アルバイトを含め，大学生として働くことについては第7章で詳しく述べますが，大学生活中に1度はアルバイトを経験しておくとよいと思います。社会と直接つながっている感覚，自分で働いてお金を稼ぐ喜びなど，大学内では得がたい経験ができるでしょう。ただ，アルバイトにのめり込みすぎてしまうと，授業や課題がおろそかになってしまう危険もあるため注意が必要です。

インターンシップ

インターンシップ（略してインターンとも言います）は，学生が在学中に，自らの専攻や将来のキャリアに関連した就業体験を行うことです。自分の興味のある企業での仕事を体験したり，実際に働いている人から直接話を聞いたりします。大学の教育活動に位置づけられ，単位が認定される授業の一環としてインターンシップが実施されていることもあります。

文部科学省（2020）の調査によれば，2019年度において，インターンシップ（特定の資格取得に関係するものを除きます）を単位認定している大学は563校あります。調査対象の全大学786校に対する実施率は71.6%となります。ただし，参加学生数はのべ8万3,961名（全学生数の2.9%）とそれほど多くはありません。実施時期は，大学3年生の8月や9月の夏季休暇期間中に，2週間未満で参加する学生が多いようです。

もちろん，大学の単位認定とは関係なく，自身の経験のためにインターンシップに参加することも可能です。たとえば大学のキャリアデザインセンターや就職支援課などが斡旋するインターンシップに参加することもあるでしょう。また，自治体や企業がインターンシップを主催することもあります。とくに企業主催のものは1日で終わるプログラムも多いため，気軽に参加できます。

経済産業省（2020）の調査によれば，企業や業界を理解する目的でインターンシップに参加する学生が多く，参加期間が長くなるほど，実際の業務の疑似体験や業務の補助に関する就業体験を経験できる傾向にありました。また，同様に参加期間が長くなるほど，履修科目傾向の変化，学習時間の増加，社会の仕組みや時事問題への関心の増加，社会人との交流機会の増加，キャリアの明確化などが見られるようになります。

なお，インターンシップについては，第7章の第4節で詳しく述べます。

ボランティア

大学生だからこそできる活動の一つにボランティア活動（奉仕活動・社会貢献活動）があります。ボランティア（volunteer）は英語で，志願者（名詞），自発的な（形容詞），自ら進んで提供する（動詞）などの意味があります。とくに社会事業活動に無報酬で自発的に参加することや，そうした活動をしている人のことを指します。

日本財団学生ボランティアセンター（2017）の調査では，ボランティアに関する興味があると答えた学生は6割を超えていたのですが，実際にボランティア活動に参加した学生の割合は3割弱にとどまっていました。興味はあってもなかなか一歩を踏み出せない学生が多いようです。

国立青少年教育振興機構（2020）の調査でも同様の結果が出ています。ボランティアに自主的に参加した，または授業やゼミなどの一環で参加した場合をあわせて，これまでにボランティアをしたことがあるのは全体の37.5%でした。ここにもある通り，自主的にボランティアに参加するだけでなく，授業やゼミの一環としてボランティアに参加することもありますが，その割合はそれほど高くはない現状があります。

具体的なボランティア活動の内容やそれへの参加度合いについては，先述した国立青少年教育振興機構（2020）の調査に結果が出ています。自主的に参加した活動の内容を複数回答で聞いたところ，小学生を対象とした活動（31.1%），まちづくりのための活動（20.8%），中学生・高校生を対象とした活動（19.9%），就学前の子どもを対象とした活動（19.6%）の順で割合が高くなっていました。日本では災害が多く，災害ボランティアなども最近よく聞くようになりましたが，災害に関係した活動に参加した学生の割合は11.8%でそれほど多くはありません。

ボランティア活動に参加するにはどうすればよいでしょうか？　授業内でボランティア活動を行う授業を履修するのも一つの手段です。ボランティア活動を行うことが目的のサークルもありますので，そこに所属することもよいでしょう。このようなサークルは学内だけでなく学外にもあります。大学生のみを対象とした学外のサークルもありますので，色々探してみましょう。また，ボランティア情報を発信しているウェブサイトやSNSを活用し，興味のあるボランティア活動を探して個人で（または友人たちと）参加する方法もあります。ただしその際には，トラブルを避けるため，自治体やNPO法人など信頼できる団体のウェブサイトやSNSを利用するようにしましょう。

なお，ボランティア活動に参加する意義については，先述した国立青少年教育振興機構（2020）の調査で「活動に参加してよかったこと」を複数回答で聞いています。「楽しかった」（41.6%），「ものの見方、考え方が広がった」（40.5%），「相手から感謝された」（38.9%），「達成感や満足感が得られた」（32.3%）の順で割合が高くなっています。

正課外の学び

大学は学びの場ですが，学びの場は大学だけではありません。大学の授業以外で学ぶこと（正課外の学び）は，これまで見てきた他の活動と同じように，自分自身の視野を広げ，自身が成長するきっかけになるでしょう。

ひとことで「学ぶ」といってもその対象はさまざまです。たとえば，外国語の習得を目指した語学学習や，資格取得のための学習は想像しやすい学びでしょう。それ以外にも，楽器演奏，ダンス，華道，プログラミングなど，所属しているサークルや自身の趣味につながる学びもあります。社会人と比べると比較的時間に余裕がある大学生のうちに，さまざまな学びに挑戦しておくことをおすすめします。

正課外の学びの場はさまざまですが，まずは大学内で正課外の学びの場を探してみましょう。たとえばキャリアデザインセンターや就職支援課などでは，就職に役立つ学びの場を提供しているはずです。公務員希望者への試験対策講座や，Microsoft WordやExcelなどOffice系ソフトの資格取得のための対策講座，航空系・福祉系・教育系など特別な分野の進路を希望する学生に対するプログラムなどが実施されていたりします。また，「オープンユニバーシティ」「エクステンションプログラム」「公開講座」などの名称で，さまざまな講座を一般向けに提供している大学もあります。こうした講座は生涯学習のためにも開講されており，たいていの場合，多様な年齢の方と一緒に履修することになります。

大学では学べない専門的な知識・技能を学ぶため，大学以外の学校にも同時に在籍して学習する「ダブルスクール」をしている学生もいます。たとえば，国家公務員，公認会計士，司法書士のような独学で学習することが難しい資格の取得のための専門学校，外国語習得のための語学学校のほか，アナウンサースクールや声優学校などです。ただし，学校に所属するための費用（学費）が余計にかかります。また，別の学校に通うわけですからその分忙しくなりますし，大学との両立も大変です。

学ぶ内容によっては，地域のカルチャーセンターを活用することもできるでしょう。教養や文学だけでなく，手芸，スポーツ，料理などさまざまな講座が開講されています。また，インターネットを活用したカルチャーセンター（オンラインスクール）も最近では普通になっています。さまざまな講座を開講しているオンラインスクールもあれば，英会話やプログラミングなど，ある程度提供する講座の範囲を絞ったオンラインスクールもあります。このほか，MOOC（ムーク）（Massive Open Online Course）は，ほぼ無料で大学レベルのオンライン授業を履修できるサービスで，世界中で利用されています。世界的にはedX（https://www.edx.org）やcoursera（https://www.coursera.org）などが有名ですが，

gacco（https://gacco.org）など日本のサービスもありますので，興味があれば試しに1度履修してみるとよいでしょう。

3 長期休暇の過ごし方・活かし方

大学生の休みは長い

授業や試験のない時期は大学に行く必要はなく，いわゆる長期休暇（休業期間）になります。高校までの長期休暇と言えば，1か月以上ある夏休みや年末年始を挟んだ冬休みを思い浮かべることでしょう。休み期間中にやらなければならない宿題に意気消沈してしまったことを思い出したかもしれませんね。しかし大学では，長期休暇の期間中にしなくてはならないことは，基本的には何もありません。休みの間は何をしても自由なのです。

高校までの休みに比べると，大学の休みはとても長いです。大学によっても違いますが，たとえば2学期制の大学の場合，授業が15週間，試験期間が1週間とすれば，前期（春学期）と後期（秋学期）合わせて32週分が授業期間となります。1年は52週間ありますから，単純に残り20週間（およそ4か月半）が休み，という計算になります。もちろん祝日，オリエンテーション，学校祭などで学年暦が多少変わりますので，休み期間はもう少し短くはなりますが，それでもかなり長いことがわかります。

では長期休暇中には何をすればよいのでしょうか？　その答えは「何をしてもよい」です。この長い休み期間は，普段は時間がなくてなかなかできないことにじっくりと取り組む絶好の機会です。たとえば，住み込みのアルバイトをする，自動車の免許を取りに行く，自転車で日本一周の旅をする，海外の語学研修プログラムに参加するなどです。この期間中に大学の集中講義や実習などが行われることもあるので，それらの授業を履修する場合もあります。

夏休み・冬休み・春休みの特徴

先ほど，大学生の休みは長いと書きましたが，夏休み，冬休み，春休みでその期間は大きく変わります。多くの大学は前期と後期からなる２学期制を採用していますので，ここではそれを前提として話を進めます。いくつかの大学のある年度の学年暦を見てみましょう。ある私立大学では，夏休みは５週間，冬休みは２週間，春休みは10週間でした。別の国立大学では，夏休みは８週間，冬休みは２週間，春休みは８週間でした。夏休みや冬休みは高校までとそれほど変わりませんが，春休みは非常に長いことがわかります。

夏休みは，前期の授業期間と試験期間が終了してから，後期の授業期間が始まるまでです。最近では前期の授業期間が終わるのが８月初旬であることも多く，その点では高校までの夏休みよりも始まるのが遅いかもしれません。後期の授業開始が９月か10月かで夏休みの期間が変わってきます。私立大学は９月中旬から，国公立大学は10月初旬から後期が始まることが多いようです。

冬休みは年末年始を挟んで２週間程度の長さです。暦によっても変わりますが，12月の最終週ごろから冬休みが始まり，１月第２週ごろから授業が再開されます。冬休みは後期の授業期間中ですので，通常通り授業の課題が出されていることもあります。年末年始に帰省する学生もおり，あまりまとまった時間はとれないかもしれません。

春休みは後期の授業期間と試験期間が終了してから，翌年度の４月に授業期間が始まるまでです。最近は３月下旬からオリエンテーションを実施する大学もありますので，その分休み期間は短くなりますが，それでも高校までと比べれば非常に長い休み期間でしょう。お盆休みや小中高校の夏休み期間と重なる８月と比べれば，春休みは旅に出かけたり留学したりするのにもとてもよい時期です。ちなみに，筆者は大学１年生の春休みに合宿制の自動車学校に３週間ほど通って運転免許を取得しました。

旅に出かけてみよう

社会人になると，まとまった休みを取ることが非常に難しくなります。まとまった休みが取れたとしても，ゴールデンウイークやお盆，年末年始などの繁忙期であることが多く，なかなか「旅に出かける」ことが難しくなります。ですから，大学生のうちにいろいろなところに旅に出かけてみましょう。とくに比較的長期間の旅行は大学生のうちにしかできない経験です。

ただ，旅行費用を捻出するのは大変ですので，なるべく安価な方法で旅をすることも考えてみましょう。安価な交通手段としてはたとえば，JR全線の普通列車・快速列車に乗り放題となる「青春18きっぷ」，鉄道よりも安価に移動できる都市間高速バス，海を渡るために時間はかかるけれども飛行機より安価なフェリーなど，さまざまな手段があります。宿泊はゲストハウスやユースホステルなど，1つの部屋を複数名で利用するスタイルの施設を利用すれば安く宿泊できます。そのような宿泊施設には世界中から旅行者が訪れるため，思いがけない出会いがあるかもしれません。

スタディツアー（study tour）に参加してみるのもよいでしょう。スタディツアーとは研修・視察旅行という意味です。観光地を訪れる通常の観光旅行とは違い，旅を通じてさまざまなことを学ぶための旅行です。現地を実際に訪れて支援活動の視察をしたり，ボランティア活動に参加したりします。それらを通して，訪れる場所や特定の社会的課題についての見識を深めます。通常の観光旅行では行けないような場所を訪れることもあるので，過去に訪問した場所であってもまた違った側面からその場所を見ることができます。

海外に行くのであれば，思い切って短期語学留学をしてもよいかもしれません。1週間から6週間程度，海外の大学や語学学校が提供するプログラムに参加します。プログラムの内容も多様で，日常会話，大学への留学準備，TOEFL対策，ビジネス英会話などが用意されており，自分に合ったものを選ぶことができます。その間は，ホームステイをしたり学校の寮に滞在したりします。現地に実際に行き，そこで暮らしながら学ぶことは，何物にも代えがたい経験になるでしょう。ただし注意しないと，日本から来た学生同士で日本語を話してしまい，肝心の語学を使う機会がほとんどないままプログラムを終えてしまうことがあります。筆者は6週間のプログラムに参加した経験がありますが，プログラム中に日本人同士で固まって日本語で話している学生を何度か見かけたことがあり，非常にもったいないなと思いました。

留学

在学中に留学してみたいと考えている学生は多いと思います。留学といってもその内容はさまざまで，期間，留学先，単位互換の有無など，目的によってかなり異なります。ただ留学したい，と漠然と考えているだけでは先に進めませんから，留学して何をしたいのか，なんのために留学するのかを考えて，目的に合わせた留学方法を選びましょう。

留学期間は，先述した短期語学留学のように1週間から6週間程度の短いものから，半年から1年程度の長期にわたる留学もあります。日本学生支援機構（2021）によれば，2019年度の留学者数10万7,346名のうち，66％が1か月未満の留学でした。1か月から3か月未満が10％，3か月から6か月未満も10％，6か月から1年未満が11％で，1年以上留学した学生は2％しかいませんでした。

留学先はどのように決めれば良いでしょうか？　まずはどの留学先に行く学生が多いかを見てみましょう。先述した日本学生支援機構の調査では，留学先は英語圏が多く，アメリカ合衆国（16.9％），オーストラリア（8.9％），カナダ（8.7％），英国（6.3％）となっています。アジアも留学先としては一般的になって来ており，韓国（6.7％），中国（5.8％），タイ（4.7％），台湾（4.6％），フィリピン（4.3％），マレーシア（3.2％）となります（（　）内は全留学生における構成比)。ただし，留学期間が1か月未満の場合は，留学先はアジアがおよそ半数を占めています。

留学先を決める際は，大学の国際交流課や留学センターなどで情報を集めましょう。各大学では海外の大学と協定を結んでいることがあります。また，派遣留学や交換留学などの制度を利用することで，留学期間が大学の在学期間に含まれたり，留学先で修得した単位が大学の単位に認定されたりします。

なお，短期語学留学については，大学の授業の一環として行われていることもありますし，大学生協などで斡旋されているものもあります。また，新型コロナウイルス感染拡大をきっかけに注目されるようになったオンライン留学も，選択肢のひとつになり得るでしょう。

引用文献

国立青少年教育振興機構（2020）「『大学生のボランティア活動等に関する調査』報告書」https://www.niye.go.jp/kenkyu_houkoku/contents/detail/i/142/（最終アクセス日：2022年12月21日）。

経済産業省（2020）「学生・企業の接続において長期インターンシップが与える効果についての検討会調査結果（令和元年度）」https://www.meti.go.jp/policy/economy/jinzai/intern/intern.html（最終アクセス日：2022年12月21日）。

日本学生支援機構（2021）「2019（令和元）年度　日本人学生留学状況調査結果」https://www.studyinjapan.go.jp/ja/_mt/2021/03/date2019n.pdf（最終アクセス日：2022年12月21日）。

日本学生支援機構（2022）「令和２年度　学生生活調査結果」https://www.jasso.go.jp/statistics/gakusei_chosa/2020.html（最終アクセス日：2022年12月21日）。

日本財団学生ボランティアセンター（2017）「全国学生１万人アンケート――ボランティアに関する意識調査2017　全設問データ資料」https://www.volacen.jp/pdf/2017-student10000fulldate.pdf（最終アクセス日：2022年12月21日）。

文部科学省（2020）「令和元年度　大学等におけるインターンシップ実施状況について」https://www.mext.go.jp/b_menu/internship/1413929_00002.htm（最終アクセス日：2022年12月21日）。

第2章 大学生って何だろう？
――生徒から学生へ

大学生になるというのはどういうことでしょうか？　高校までとどういう点が違うのでしょうか。本章では大学生になってからの過ごし方や人間関係などの特徴や注意点を解説します。

1 自分で自分を管理する

スケジュールを管理しよう

大学生は高校生よりもいろいろな点で自由になります。これは意図せず自分の責任でコントロールしないといけない部分が増えることも意味しています。たとえば大学に入学してからアルバイトを始める人もいると思います。また，同時にサークルに所属する人もいることでしょう。アルバイトの多くは月ごとにシフトを決めるでしょうし，サークルによっては夏休みなどに合宿をすることもあります。さらに，授業やゼミによっては，実習やフィールドワーク，合宿などの活動が入ることもあります。

大学では日常の授業に加えてこういった活動の予定を把握しておく必要が出てきます。予定の管理は紙の手帳を使ってもいいのですが，この他にスマートフォン（スマホ）にあるカレンダーのアプリを使うのも有効でしょう。使いやすいデザインのものが多くあるので，自分の気に入った標準で入っているカレンダーアプリを探して使ってみましょう。

スケジュールをイメージするために，４月から７月の活動を考えてみます。まず４月は新しい授業に慣れることに忙しいです。新入生の場合はサークルやアルバイトを探すのに時間を費やすことも多いです。そのためいきなり負荷が高い状態になります。このピークがゴールデンウイーク直前にきます。ゴールデンウイークに入り休みがあるのでそこで一旦落ち着きますが，６月を過ぎると学期末に向けて授業が全体のまとめや応用的な話に入ります。そして，最後に試験とレポートが課される科目が多くあるので，７月はかなり忙しくなります。このように，定期的な予定の他に時期ごとに大まかな予定をイメージしておき，無理のない計画を立てるようにしましょう。

時間割を組む上での注意点

大学生のスケジュールの中で基本となるのが時間割です。どういう時間割を組むかによって，１週間単位の自分の予定の多くが決まります。高校までは多くの場合，学校が組んだ時間割に沿って授業を受けていましたが，大学では必修科目など一部の科目の時間があらかじめ決まっており，空いている時間に取ることのできる授業を入れることになります。

時間割を組む上で注意点がいくつかあります。まず，必修授業は必ず登録しましょう。大学によっては必修科目は自動で登録されますが，自分で登録する必要がある場合もあるので，忘れずに確認しましょう。また，教職などの資格に関する科目は優先的に履修を考えましょう。人数の少ない科目だとたとえば奇数年だけ開講するといったようなことがあるので注意が必要です。

授業は１年生から３年生であれば半期に10コマ前後登録しています。学科などによって年間の登録可能な単位数が決まっていて，だいたい45単位前後なので，半期だと12コマ程度になります。

高校までに比べて授業自体の時間は少なくなるのですが，１回あたりの進度や難易度が段違いです。あまり多く登録しすぎると，試験の時期に苦しむことになります。この点にも気をつけて時間割を作成してください。なお，時間割の作り方については第８章の第２節で詳しく説明します。

単位とスクリーニング

登録した科目で一定の成績を修めると単位が与えられます。実は高校の授業も基本は単位制で，授業時間数に応じて２単位，４単位などと決まっています。学科や専攻によって総単位数（最低124単位）や，例えば人文科学科目から最低８単位のように科目群ごとの必要単位数が決まっています。１単位がどのように決まっているのかは第１章の第１節で説明するので，ここでは予習・復習も含めた学習に必要な時間をもとに決まっていると理解しておいてください。

多くの高校では１科目でも不合格になると留年し，同じ学年をやり直していました。しかし，大学では条件を満たすことで進級できます。この進級のための条件を満たしているかの審査を「スクリーニング（screening）」と呼びます。「ふるい分け」や「選別」といった意味であり，こちらの方がイメージしやすいかもしれません。

スクリーニングの条件はさまざまです。たとえば，学科の専門科目のうち指定されたものを10単位以上修得する，合計で40単位以上修得する，特定の指定された３科目の単位を修得する，などです。

スクリーニングの条件を満たさない場合の制限もさまざまです。一番厳しいのは次の年次の科目を登録できないというものです。他には，次の年次の特定の科目（卒業のためにはその年に登録する必要があるもの）が登録できない，卒業論文・卒業研究が提出できないなどもあります。いずれの場合も卒業年次に大きく関わることなので，よく確認する必要があります。

大学を卒業するには最低124単位（大学，学科，専攻により異なります）を修得する必要があります。ただ，この124単位はすべてを好きに選んでよいというものではありません。学科・専攻により指定された科目や科目群（科目のグループ）の単位を履修する必要があります。サンプルとして表1.1を見てみましょう。この表では◎は必修，○はいずれか１つ以上履修する科目を表します。

まず，このケースの条件を確認しましょう。外国語科目群は４つの科目のうち２つ以上（２単位×２科目＝４単位）を取る必要がありますが，英語１は必ず取る必要があります。人文科学科目群は６つの科目のうち３つ以上（２単位×３科目＝６単位）取る必要があります。数理科学科目群は６つの科目のうち３つ以上かつ，情報科学か現代科学は必ず取る必要があります。

表1.1　カリキュラム表のサンプル

<table>
<tr><th>科目群</th><th>科　目</th><th>単位数</th><th>必　修</th><th colspan="2">必要単位数</th></tr>
<tr><td rowspan="4">外国語</td><td>英語 1</td><td>2</td><td>◎</td><td rowspan="4">4</td><td rowspan="16">20</td></tr>
<tr><td>英語 2</td><td>2</td><td></td></tr>
<tr><td>中国語 1</td><td>2</td><td></td></tr>
<tr><td>中国語 2</td><td>2</td><td></td></tr>
<tr><td rowspan="6">人文科学</td><td>哲　学</td><td>2</td><td></td><td rowspan="6">6</td></tr>
<tr><td>心理学</td><td>2</td><td></td></tr>
<tr><td>文化人類学</td><td>2</td><td></td></tr>
<tr><td>西洋史</td><td>2</td><td></td></tr>
<tr><td>東洋史</td><td>2</td><td></td></tr>
<tr><td>文　学</td><td>2</td><td></td></tr>
<tr><td rowspan="6">数理科学</td><td>情報科学</td><td>2</td><td>○</td><td rowspan="6">6</td></tr>
<tr><td>現代科学</td><td>2</td><td>○</td></tr>
<tr><td>数　学</td><td>2</td><td></td></tr>
<tr><td>統計学</td><td>2</td><td></td></tr>
<tr><td>地　学</td><td>2</td><td></td></tr>
<tr><td>生物学</td><td>2</td><td></td></tr>
</table>

（出所）　筆者作成。

こういった表は「カリキュラム表」と呼ばれることがあります。カリキュラム表の読み取りは非常に大切ですが，苦手な人がいることも確かです。そのためここでいくつか条件を満たさないケースを確認しておきましょう。

ひとつは，表1.2のような取り方をした場合です。「合格」の列を見てください。このケースでは各科目群の条件は満たしているのですが，8科目しか合格していないため，全体で20単位以上にするという条件を満たせていません。

ケース2は表1.3のパターンです。このケースでは，全体で20単位という条件，人文科学，数理科学科目群の条件は満たしているのですが，外国語科目群で必修の英語1を取るという条件を満たせていません。「必修」の列で「情報科学」と「現代科学」に○が付いているのを見て，「情報科学と現代科学の両

表1.2　履修ケース（その1）

科目群	科　目	単位数	必　修	合　格	必要単位数	
外国語	英語1	2	◎	○	4	20
	英語2	2		○		
	中国語1	2				
	中国語2	2				
人文科学	哲　学	2		○	6	
	心理学	2				
	文化人類学	2		○		
	西洋史	2		○		
	東洋史	2				
	文　学	2				
数理科学	情報科学	2	○	○	6	
	現代科学	2	○			
	数　学	2		○		
	統計学	2				
	地　学	2				
	生物学	2		○		

（出所）筆者作成。

方を取ってはいけない」と思ってしまう人がたまにいますが，これは「いずれか1つ以上を取る」ことが条件であって，「1つしか取ってはいけない」というものではないので，条件の違反にはなっていません。

留年しそうになったら？

履修が順調にいけば何ら困ることはありませんが，場合によって表1.2や表1.3に書いたように条件を満たせなくなることがあります。実は筆者も学部生のときに語学の授業で単位を多く落としてしまったため，進級の条件が満たせないのではと心配になりました。幸い留年は免れたのですが，ひとりでかなり心配していました。

表1.3　履修ケース（その２）

科目群	科　目	単位数	必　修	合　格	必要単位数	
外国語	英語１	2	◎		4x	20
	英語２	2				
	中国語１	2		○		
	中国語２	2		○		
人文科学	哲　学	2		○	6	
	心理学	2				
	文化人類学	2		○		
	西洋史	2		○		
	東洋史	2				
	文　学	2		○		
数理科学	情報科学	2	○	○	6	
	現代科学	2	○	○		
	数　学	2		○		
	統計学	2				
	地　学	2				
	生物学	2		○		

（出所）　筆者作成。

留年しそうだと思ったらどうすればよいのでしょうか。大切なことは「相談する」ことです。具体的な連絡先は図1.1のフローチャートに沿って考えるとよいでしょう。まず相談先として優先すべきなのは，専任の教員です。連絡すべき教員は大学や学科によって異なります。たとえば筆者の場合，語学の単位が問題だったので学科所属の語学担当の教員に連絡をしました。

履修について困ったときの連絡先として真っ先に思いつくのは，ゼミの担当教員でしょう。ゼミがない場合やゼミに所属していない場合は，例えば，学科長や主任の教員だったり，基礎演習の教員にまず相談しましょう。担当の教員がわからないときは教務や学科事務の窓口を訪ねて教員に取り次いでもらうとよいでしょう。

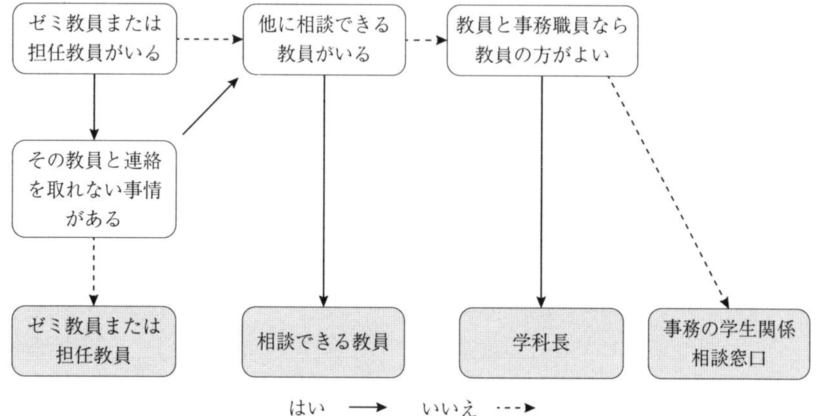

図1.1　成績で困ったときの連絡先フローチャート
（出所）　筆者作成。

教員に連絡したら，時間を決めて会うことになります。会うことが決まったときにすることをまとめます。自分の状況を説明するためにまず，スクリーニング（進級・卒業）の条件，自分の履修状況，自分の授業状況の３つを必ず確認します。実際のスクリーニング（進級・卒業）の条件は表1.1の例以上に複雑なことが多いです。それを読み誤っていて実はスクリーニングに引っかからない，または別の条件に該当することもあります。

次に，自分の履修状況を確認します。教員は直接みなさんの履修状況を把握できないことがあります。そのため，成績証明を印刷する，大学の専用ページから表示するなどして履修状況を見られるようにしましょう。

単位修得条件の再確認

最後に自分の今期の授業状況を説明します。ここで言う授業状況というのは，自分が該当科目にどの程度出席をしているのか，課題はどの程度出しているのか，単位が修得できないと思うなら，それはどういう理由からかということです。「理由」の説明として望ましいのは「勉強が足りないから」などといった原因ではなく，たとえば「中間テストで30点だった」「出席していてもまったく理解ができなかった」「授業を3回休んでしまった」といったその授業の状況をなるべく説明できる言葉や，「週に13コマあり，宿題の多い科目が重なっている」など他の授業も含めた自分の状況を説明する言葉です。そして，これらの理由に応じて，具体的なアドバイスをもらうとよいでしょう。

留年しそうな場合の対処は状況によりますが，基本は登録している科目を一生懸命勉強するということに尽きます。しかし，勉強の仕方というのは高校までと大学では変わっているので，その知識を若干アップデートする必要があるのも事実です。授業の受け方に関して詳しくは第8章の第4節で紹介しますが，いくつかポイントを紹介しましょう。

まず，大学では努力や意欲の評価のようなものはかなりなくなっています。例えば，中学や高校では「ワークをやったこと」や「ノートをしっかり書いたこと」を評価の一部に取り入れることがあります。これは高校までの評価の観点のひとつに「意欲」という項目があることに由来します。しかし，大学では意欲は評価に必須ではありません。そのため「授業への出席」は単位を取るのに必要な条件ではありますが，それは単位を保証するものではありません。

次に，大学では授業をより「ストーリー」として理解する必要があります。これは「要するにどういうことなのか」ということを考えるシーンが増えると言い換えることもできます。つまり，要約する能力がより求められるわけです。そのため，「とりあえず暗記」という方略では行き詰まってしまいがちです。要約するためには授業内容の全体像を理解することが求められます。そのため，場合によっては他の人と理解を確認する（かつてはこれをノートを借りて行っていたという面もあります），図書館で資料を読み必要な知識を補完するなどの授業外の学習が必要になります。

登録している科目が多すぎる場合，スクリーニングの条件を満たすことを優先するために，ある科目の単位を諦める必要が出るかもしれません。履修登録したということは，それらの科目の単位を修得できるという見込みを自分が持っていたからなので，諦めることはしたくありませんが，スクリーニングにかからないことを優先する場合には，仕方のない部分もあるかもしれません。

ただこれは本当に最後の手段なので教員などとよく相談してください。

2　人との付き合い方

同級生

大学生になると同級生との関係性がより多様になってきます。たとえば，浪人した学生だけでなく，高校卒業後に一度別の大学等に入学してから自分と同じ大学に入学した人や，就職してから入学した人もいるでしょう。そういった意味では，多様なバックグラウンドを持った人に出会えるというのも大学の魅力と言えます。

当然，年上や年下の同級生がいることになります。人によってはどう接してよいか悩むかもしれませんが，基本的には授業や実習などは学年を単位とすることが多いので，同年代と同じように接していけばよいと思います。

とくに大学が高校から遠方になると，それまで持っていたネットワークが一度リセットされます。そのため，学内で新しいネットワークを作る必要が出てきます。筆者のまわりでは「友達ができない」という悩みを聞くことが年々増えてきたように思います。たしかに友達を作ることはいろいろな場面で推奨されているようにも見られますし，「ひとりぼっち」は避けたいというある種の圧力を感じることもあります。

これはひとつの考え方ですが，友達がいないといけないと思う必要はありません。もちろん，授業の情報を得るとか，どこかに行くのに独りは気恥ずかしいとか，独りを避けるのはいろいろな理由があると思います。大学教員も授業で「誰かにノートを見せてもらって」と指示するなど，付き合いがあることを前提に話すことはありますし，誰かと組んでグループワークをすることもどんどん増えてきていることから，友達作りを推奨している面はあります。

ただ，人とのネットワークを作るという意味で友達まではいかなくても，「何かあったら話せる人」はいた方がよいのは事実です。先述した「授業の情報をもらう」とか，「グループワーク」をする場面はあります。それを考えると，せっかく4年間一緒にいるのだから，「それなりに」付き合いを作っておくのは悪いことではないと思います。

先輩・後輩

先輩・後輩がさまざまなところにいるのは高校までと同じです。同じ学科やゼミもそうですし，サークルや委員会にも異学年の学生が集まります。アルバイトをするとそこで同じ大学の先輩・後輩が一緒に働くこともあります。ほどよい人間関係を作っておくと，何かのときに助け合うことができるので，ある程度，交流を持っておくことをおすすめします。

大学での先輩・後輩関係で気をつけておきたいことが2つあります。まず，授業の履修登録についてです。4月の履修登録シーズンには，先輩から「○○学は楽単（楽に単位が取れる）」とか「△△（教員の名前）は鬼」といったような情報が出てくることがあります。しかし，これらの情報がどこまであてになるのかは怪しいところがあります。

理由として大きいのは，科目の担当者は年によって変わりうることです。たとえば，例年担当していた教員が定年で担当を終えることもありますし，担当教員が1年だけ変わることもあります。担当教員によって授業の難易度はもちろん，科目全体の構成が変わってくることは珍しくありません。成績を判定する基準が定期試験中心から，小テストを重視するようになったり，定期試験からレポートに変わるといったこともあります。

そもそも，授業の難易度はかなり主観的な要素が入るため，一概には言えないところがあります。たとえば（1）「レポート100％」というのと（2）「期末試験50％，毎回の小テスト20％，中間テスト30％の3つの合計」という2つの基準ではどちらが難しいと思いますか。

人によっては「あの授業はレポートさえ出しておけば，出席しなくていいから楽」と言いますし（ちなみにマンガなどで「授業に出ない学生」というのを見かけますが，今の大学では出席の確認は強く求められているので注意してください），別の人は「あの授業の期末試験は小テストをやっておけばどうにかなる」と言います。

試験が得意かレポートが得意か，小刻みにテストをやるのがよいか，最後にまとめてやるのがよいかは人によってだいぶ違うので，たとえ先輩から楽だと言われた科目でも，それを安易に信用しないほうがよいでしょう。

これは講義科目だけでなく，ゼミにも言えることです。同じ学科でも外国語文献をよく読むゼミ，学外のゲストや団体とともに活動するゼミ，研究会や学会でよく発表するゼミ，教員とよく面談するゼミなど，同じゼミは２つとないと言えるぐらいゼミは多様です。それに対して「合う／合わない」「楽／大変」というのは一概には言えないということはよくわかるかと思います。

次に気をつけておきたいのは，自分が先輩になったときです。先輩になると好意的になり，履修やサークル，バイトなどいろいろとアドバイスをしたくなることがあると思います。自分もアドバイスをもらって参考になったという経験を持っている人も多いことでしょう。

しかし，ここで「アドバイスをしすぎない」ことを心がけましょう。その理由はいくつかあります。まず，自分からの見え方が偏っていることがあるかもしれないからです。自分が何かを解決した方法がその人にも使えるとか向いているとは限りません。

またアドバイスをしすぎるとその後輩から頼られすぎてしまい，自分のキャパシティを超えることもあります。頼られていろいろと話しているうちに，先述したような授業の「楽／大変」についてつい不確かなことを確からしく伝えてしまうこともあります。

アドバイスをする場合はできるだけ複数で話しながら行うことをおすすめします。複数の目が入ると，情報が正確なのか確かめ合いながら伝えることができ，後輩が多くの情報を抱え込んで混乱することも防げます。

教員のタイプから付き合い方を考える

教員と職員は，社会に出ているという意味で，大学にいる最も身近な大人かもしれません。大学という社会のしくみを知る人として，教職員はまず頼りになる存在だと言えるでしょう。

まず教員との付き合い方について説明します。教員との関わりが最も多くなるのはゼミでしょう。ゼミにおいて自分と教員の人間的な相性はとても大事です。その上で，教員の性質をある程度見定めて付き合うことでうまくいくことが多いです。

教員も人間なのでいろいろなタイプがいますが，ここでは大まかに「教員がどれくらい放っておく」タイプか，つまり「放任」するのかという点から，関わり方をひとつ挙げます。この考え方は，大学院生または大学院への進学を考えている人向けに書かれた石黒（2021）を参考にしています。

注意しておきたいのは，教員本人は自分がどれくらい放任する人間なのかを必ずしも意識していないということです。そのため，みなさんからみたイメージと実際の教員の行動や言葉との間にはズレが見られることもあります。

教員の放任度が一番現れるのは各種の「ゼミ活動」に関わる場面です（ゼミについては第1章の第1節を参照して下さい）。一つの例として，多くの人文系ゼミで行われる「ゼミ報告」を取り上げます。人文系のゼミでは，一定のペース（毎週・毎月など教員によります）で自分の研究についてゼミ内で報告することが課されます。このときどの教員も，スケジュールは決めるのですが，スケジュールに合わせた指導をどこまで行うかが分かれます。

きっちりと管理するタイプ（＝放任度が低い）の教員の場合，ゼミで報告する前に教員と面談をする機会を作ります。このとき予定通り進んでいなければ，課題や作業の量や難易度，スケジュールを見直したりして，調整できます。もし研究が「進んでいない」状態でも指導教員と面談することで進んでいない要因を探り，研究が進むように改善できるため，会うのを避けないようにしましょう。

一方，放任度の高い教員の場合，事前に面談を行わず，報告当日に「できていない」と聞いてどうしてかを問われることもあります。放任度の高い教員は「放っておいても学生が何かしらの方法で進められる」と思っていることが多く，そのため，できていないことをあまり想定しないからです。つまり，放任度が高いからといって予定通りできていなくてもよいというわけではないのです。

卒業研究の進め方そのものについても違いが出てきます。放任度が高い教員の場合，「任せるからなんかやってみて」のようなあいまいな指示を出しがちです。学部生は研究の素人ですから，研究の方法について指導が必要かと思いますが，そう考えないことが多いのです。

ただし，これは放任度の高い先生が意地悪をしているわけではありません。たとえば「研究は手取り足取り教えるものではない」と考えている教員はまだまだいますし，アイデアを作る，調査計画を練るなどの各段階でなにをどう進めるべきかといった研究の方法論を細かく分けて考えることがない教員もいます。

そのため，放任度の高い教員の場合，学生から積極的に連絡を取ることをおすすめします。具体的には，次の２つの方法で連絡するとよいでしょう。まず，「自分が１週間でどういう作業をしたのか」という「報告」です。報告の仕方は１週間でここまでやったという成果物を渡す形でも，日誌のような形でやったことをメモにして渡してもよいでしょう。「報告」をするときには，次にどういう作業をするべきか考えてみてください。例えば，どういった文献を読むべきか，どのように調査結果をまとめるか，専門分野によっていろいろとあると思います。もし見通しがつかない場合は「相談」の段階にあると考えましょう。

学部生は研究の進め方に慣れていません。そのため，次にどう動けばよいのかは教員と相談して，教員からのアドバイスに沿って進めることに何ら問題はありません。「相談」をするときの伝え方には大きく分けて２つあります。まず「自分がどうしてほしいかわかっている」場合には，ぜひそれを伝えてください。ただし，教員は基本的に学生自身で考えてほしいと思っています。それは意地悪ではなく，自分で考えることによって成長するという教育的な考えによるものです。

本を読めばよいのか，思いつくままにアイデアを出していけばよいのかなどは場面によって異なります。そのあたりも教員と相談してよいところです。研究の進め方に正解を見出すのは難しいことなので，多少無駄に見えてもそのことをマイナスに見る必要はありません。他にも「自分がどうしてほしいかわからない」場合もあると思います。その場合，正直に「どう進めればよいのか」相談してください。

ただし，放任度の高い教員からは「自分で考えてみて」と言われることもあります。その場合，他の人からアドバイスをもらうことも視野に入れるとよいでしょう。

同じゼミの学生がどうしているのかの情報も参考になると思います。ただし，同じゼミの学生でも教員との連絡の頻度や，研究の進み具合が異なるので参考程度にとどめておきましょう。もし，自分がそのゼミ生と同じぐらいに進んでいなくても焦る必要はありません。もし不安であればゼミ教員に進み具合について相談してみましょう。

幸いにも他に気軽に話せる教員がいる場合，その教員に相談してよいでしょう。見る人が変わると新しい可能性が見えてくることもあります。ただし，その教員の専門分野には注意する必要があります。同じ学科でも実験を得意とする教員もいれば，文献調査を得意とする教員もいます。同じ得意分野であっても実際の進め方が違うこともあります。その点に気をつけながら相談してみてください。

大学のさまざまな窓口を頼る

教員という個人でなくとも，大学によっては学習支援のための窓口があるので，それを活用するという方法もあります。大学によりさまざまな名称はありますが，たとえばラーニング・コモンズなどと呼ばれる，学生の学習支援をするために設けられた場所があります。一般的な解決方法になることが多いですが，研究の進め方について個別に相談を受けています。

事務職員は教員とは違う大学にいる身近な大人です。事務職員は大学の制度について熟知しており，さまざまな場面でお世話になります。たとえば資格を取る場合は，履修の条件が複雑になることがあるのですが，それを解決するノウハウを持っていたりします。また教員との関係について相談先の一つとなることもあります。

みなさんがよく関わる大学の事務窓口は次のようなところです。授業関係は教務や学生支援の窓口があります。この窓口と奨学金やサークルなどの学生生活支援関係の窓口は大学によって分かれていることがあるので注意が必要です。高年次になると就職関係の窓口に相談することも出てくるでしょう。教員も就職についていくらか情報を持っていますが，分からないことや情報そのものが古いことがあるので，何かあるときは担当の窓口で事務職員に確認するようにしましょう。

3　学年ごとの特徴

1年生は入門的・教養的な科目

卒業単位のうち一定数は一般教育科目や共通科目と呼ばれている科目群から履修する必要があります。それらは1年生から履修することができます。もちろん3，4年生に取ることもできますが，その頃には専門科目をたくさん履修登録しなければならないため，できるだけ1，2年生のうちに卒業に必要な単位を揃えておく必要があります。

一般教育科目の目的や意義についての考えは大学や研究者によってさまざまありますが，ここでは，「出会いの場」という考え方を紹介します。一般教育科目には学科の専門科目と内容が離れていたり，卒業後にどう役立つのかわかりにくい科目もあります。そういった科目を無駄と感じることもあるかもしれません。たしかに無駄なものはやりたくないというのは，最小限の経路で卒業や就職までたどり着くという考えからは一理あるのかもしれません。

しかし，裏を返すと，この機会でなければ体系的に学ぶことはない科目が多くあります。学問分野にはその分野独特の考え方や探究法があります。それらを学ぶことは大学で専門性を身につけるうえでの裾野を広げることにつながります。そういった裾野を広げることこそが「視野を広げる」ことに繋がるのではないでしょうか。もちろん，自分が学びたい科目を学ぶことも大切ですが，「せっかくの機会だから」という気持ちでも考えてみてください。

いまYouTubeなどの動画サイトにはさまざまな動画コンテンツがあり，学習系コンテンツもその一角を占めています。世の中にはそれを見て学べばよいと考える人もいます。筆者もわからないことを動画コンテンツを見て勉強することがあります。しかし，大学で学ぶ内容に関して言えば，それらの質は玉石混淆と言わざるを得ません。「わかりやすい」と言われるコンテンツの中には，専門的な知識がなく，主に一般向けの軽い本をかいつまんで紹介するというケースも見られます。一方，大学の科目を教える教員になるには，論文を書いたり実務を重ねるなどといった専門家としての経験を経て，専門性が認められていることが前提になります。専門性の高い教員の授業は必ずしも「わかりやすい」ものではありません。しかし，「専門的な点で不正確なもの」に出会う確率は減らしてくれます。ぜひ，良質な大学教員による重厚な授業で学んでほしいと思います。

2年生問題（2年生プロブレム）にご用心

1年生にはスキル（技能）に関する科目が配置されています。たとえば，パソコンの操作や，文章の書き方を中心に学ぶ科目がそれに該当します。そうした科目は高年次のレポート作成やゼミでの研究を行ううえで基礎となりますし，卒業後にも役に立ちます。

しかし，多くの大学でこれらは1年生でのみ学びます。2年生は専門入門から中級程度の科目が多く配置されており，1年生のときに履修した科目で身につけたスキルを活かす場面が減ってしまいがちです。一方，3年生になりゼミに入るとレポート作成やパソコンでのデータ整理などを行う機会が増えてきます。そのときに1年生のときに履修した科目で身につけたことをすっかり忘れてしまうといったことも起こり得ます。筆者はこれを「2年生プロブレム」と呼んでいます。

今のところこの２年生プロブレムを避けるには自分で意識的に身につけたスキルを使う機会を作るほかありません。たとえば，大学の外を見るとエッセイや論文などのコンテストがあります。目的に合った，まとまった文章を書くという意味でこういったコンテストに応募するのは良い文章トレーニングになることでしょう。また，その過程でパソコンを使う機会も出てくるでしょうから，腕が鈍ることも防げるかもしれません。

３年生から４年生は研究に打ち込む

３年生になるとゼミの活動が入ってきます。分野や学部・学科によりますが，卒業時に論文や研究が課され，何かしらのまとまったレポートや発表が必要になることが多くあります。先述したように，この時期は専門の勉強を中心に据えたいので，必要な科目は早い年次に履修を済ませてしまいたいところです。

ゼミでの学習は担当教員のカラーが色濃く反映されます。たとえば先述した放任度もさまざまです。ですが，どういったゼミであっても，自分で勉強するという習慣を身につけておきたいところです。手始めに，同じゼミに所属する学生でテーマを決めて勉強会や読書会を企画するといったことから始めてはいかがでしょう。読書会では，ゼミで読む文献を読み合うのもよいですし，教員に推薦図書を聞いて輪読するのもよいと思います。また，就職活動を中心に考えるなら，たとえば「特定の業界について新聞を読んで調べ，報告，議論する」という会でもよいでしょう。いずれにせよ，受け身にならず自分たちで勉強する機会を作ると大学での生活がより充実します。

引用文献

石黒圭（2021）『文系研究者になる――「研究する人生」を歩むためのガイドブック』研究社。

第3章　自分で自分を成長させる
——大学生活の向こうに「実社会」がある

みなさんはどんな大学生活を過ごしたいですか。興味ある専門分野の勉強をしたい。サークル活動などの課外活動を楽しみたい。各自の関心に合わせて，さまざまな過ごし方ができるのが大学の魅力です。本章では，将来のキャリア（仕事を含めた人生そのもの）形成に役立つ大学生活についてアドバイスしていきます。

1　大学は学校と実社会の「汽水域」

学校と実社会の「汽水域」

大学は「汽水域」と似ています。汽水域とは，川と海が合流する河口付近のことで，川でもあり，海でもある領域を指します。鮭の卵は川の上流で孵化して，成長しながら川を下っていきます。でも，一気に海へと泳ぎすすむことはしません。真水と塩水による浸透圧の違いがあるので，２つが混じり合う汽水域で，しばらく体を慣らす必要があるのです。同様に，大学というフィールドは学校でもあり，実社会でもあります。４年間という時間をかけて，実社会で必要なことを学び，心身を鍛えていくトレーニングの場なのです。

高校までの学校生活はクラス制で自分の席があり，担任教師がいました。必要な情報はホームルームで逐一アナウンスされ，進路指導などは全員を対象に個別指導してくれたはずです。わからないことや困ったことがあれば，保護者や親しい大人が適切な判断やアドバイスをしてくれることも多かったでしょう。自分で考えて決めるより，周囲にいる支援者の指示に従う方が失敗は少なく，たいていのことは上手くいくような面倒見のよい環境だったと言えます。しかし，実社会では自分で考えて，決めて，行動することが求められます。そのため，大学では干渉しすぎることがないよう，学生の主体的なアプローチを大切にしています。履修登録の方法や学習支援システムの使い方など，わからないことがあれば自分から窓口に出向きましょう。丁寧に教えてくれます。サークルやアルバイトといった課外活動に参加して，人と出会う機会を自分から作りましょう。新しい友人や知り合いを得ることができます。大学では自分から人と関わることが大切ですし，求められます。こうした環境に最初は不安を覚えるかもしれませんが，キャンパスには学生を支援するさまざまな窓口があり，各分野に精通した教員や職員がいます。困ったことがあっても，自分から動いていけば，必ず周囲の支援を得られるはずです。

「汽水域」である大学は，学校という支援システムを残しつつ，実社会で必要な主体性を育む環境が整っています。４年間という時間を使い，ゆっくりと必要なトレーニングを積み，自らを成長させていきましょう。

社会的に「自立」する準備

「自立」を辞書で引くと，「他の助けや支配なしに自分１人の力だけで，ものごとをおこなうこと」(『大辞林』(第三版) より) とあります。たしかに，朝起きて出かける準備を整えたり，食事や掃除といった日常生活に必要な家事をこなしたりすることは，自分１人でできるようになる必要があるでしょう。でも，１人でできることは限られていますし，実社会で生きていくには他者の存在が欠かせません。社会的に「自立」するということは，人と関わりを持ち，互いに支え合って生きていくことができる状態を意味します。

私たちが暮らす社会は，水道をひねれば水が出て，指定日にゴミを出せば回収され，コンビニエンスストアにはたいていのものが揃っています。こうした便利な社会システムが滞りなく機能している背景には，多くの民間企業や自治体，NPOやNGO，ボランティア団体などがあり，そこで働く人の存在があります。１人で生きていけると錯覚するほど便利な世の中ですが，多くの組織や人に支えられることで，私たちの生活は成り立っているのです。そして，あなたもいずれどこかの組織に所属したり，個人事業主として多くの人と一緒に働いたりしながら，世の中を支えていくことになるでしょう。どの組織に所属するのかなど，就職を考えるのはまだ先で大丈夫です。まずは，社会的に「自立」するための準備をしていきましょう。

便利な社会システムが整った現代では，そのしくみのなかで生きていくことが求められます。無人島で狩猟をしながら１人で生きていくことは不可能です。互いに支え合う社会システムのなかで生活するのであれば，自分も支える側になるための準備が必要です。大学ではさまざまなコミュニティーに所属して，そこで「自分にできる何か」「人の役に立つ何か」を見つけていきましょう。メンバーから頼りにされ，必要とされることで，自分の強みを知ることができます。役に立てたお礼として報酬を得られることもあるでしょう。人から「手伝って」と頼まれたり，「ありがとう」と感謝されたりすることを増やしていくことが，社会的な「自立」の準備となり，いずれ就職を考えるときのヒントになります。

社会的な「自立」の必要性

ほとんどの学生は卒業するタイミングで就職して，労働に従事します。労働は生きていくために必要ですし，社会的な「自立」のための手段でもあります。同時に，大人になったら全員が担うべき義務と言うこともできるのです。

勤労の義務について説明しておきましょう。私たちが生活する日本では，心身共に働ける状況にある人には「勤労の義務」が生じます。日本国憲法第27条１項には，「すべて国民は，勤労の権利を有し，義務を負ふ」とあります。労働を強制することは憲法の他の部分で禁じられているので，強制力があるわけではなく，あくまで倫理的な規定です。しかし，働けるのであれば働いて，私たちが暮らす社会をみんなで支えるという考え方には，大きな意義があります。他者の勤労によって支えられた社会で成長してきたあなたが，今度は支える側になる。そうやって世代を超えて，世の中は動き続けていきます。

実社会に出るまでに獲得してほしいのは，１人で生きていくためのスキルではなく，他者とともに生きていくためのスキルです。大学は高校までと違い，異なる地域や文化のなかで育ってきた同世代が集っています。大学生活のなかで育まれていく「多様な他者とつながる力」には大きな意味があるでしょう。人間的な成熟も促してくれるはずです。新しいコミュニティーに所属し，知らない人との出会いやそこでの経験を通して，少しずつ社会的な「自立」を目指していきましょう。

2　社会人として必要な成長

学生から社会人への移行

入学して間もないタイミングで，社会人（実社会で対価を得て働く人）として仕事をする自分をイメージするのは難しいですし，まだ遠い先のことだと感じるはずです。たしかに，4年という時間をかけてゆっくりと自分のキャリアを考えていけばよいので，急ぐ必要はありません。しかし，いつか必ず社会人になって，仕事をしながら生きていきます。社会人になったあなたは，学生のときのあなたと別人ではなく，両者はつながっています。つまり，学生として過ごす時間が，社会人としてのあなたを形づくっていくのです。大学生活の最初に，社会人という存在を理解して，今の自分と比べてみるのも悪くないでしょう。そうすれば，この4年間で何を学び，何を経験すればよいのか，今後の見通しを立てやすくなるはずです。

学生と社会人の違いについて問われたら，あなたはどう答えますか。筆者はよく学生に質問するのですが，学生より自由になるお金が多い，好きなところに住めるなど，ポジティブな発言もありますが，責任が重い，自由な時間や休日が少ない，好きな服装や髪型ができないなど，ネガティブなイメージの方が多く聞かれます。でも，その要因になっているのは，ドラマや小説，ニュース，身近にいる社会人といった限定的な情報です。もう少し詳しく社会人という存在を理解できれば，ポジティブな面が増えるかもしれません。自分がなりたい社会人像をイメージすることもできるでしょう。

【高校生／学校】		【社会人／実社会】
• 消費者（受け手）		• 提供者（与え手）
• 主語は「自分（I）」		• 主語は「相手（You），私たち（We）」
• 個人単位	【社会人／実社会】	• チーム，集団（組織）単位
• 既知の確認	──────→	• 未知へのアプローチ
→評価は明確	〈汽水域〉	→評価は曖昧
→失敗は避けやすい		→失敗を100％避けるのは難しい
• 知識をつける力		• 考える力，行動する力
• 社会から守られる存在		• 社会を支える存在

図3.1　学校と実社会の違い

（出所）　筆者作成。

大学に入学する前の高校生だった自分と社会人を対比しながら，社会人への理解を深め，学生から社会人への移行について考えてみましょう（図3.1）。

高校生が実社会と深く関わる機会はほぼないので，商品やサービスを利用する「消費者」という立場で，これまで暮らしてきたはずです。消費者として思考するときの主語は，主に「自分（I）」です。私が得か，楽しいか，望ましいか，といった視点でものごとを判断します。でも，社会人（提供者）として仕事をするときは，「相手（You）」や「私たち（We）」を主語にして思考する必要があります。お客さんが喜んでくれるか，買ってくれるか，先輩や上司が求めていることは何かなど，相手の立場になってものごとを考えることが大切です。

これは，口で言うほど簡単なことではありません。相手の価値観や好みは多様で，育ってきた地域や文化，年齢によっても違います。正解と呼べるものがあるわけではなく，評価基準はあいまいで，失敗を100％避けることは難しいでしょう。簡単ではないからこそ，大学という汽水域でトレーニングする必要があるわけです。

社会人として大切なこと

周囲から信頼され，必要とされる社会人というのは理想的なモデルの一つと言えるでしょう。では，どうすれば目指す社会人に近づけるのでしょうか？学生と社会人の評価の違いをもとに考えてみましょう。

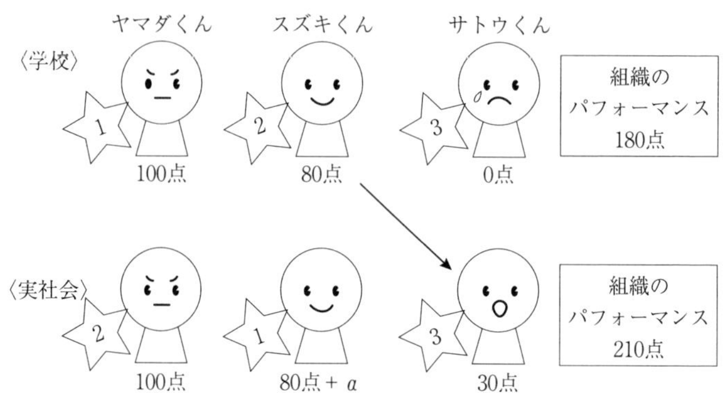

図3.2　学校と実社会の違い

（出所）　内田樹『街場の教育論』（2008）をもとに筆者作成。

学校における評価（成績）は，勉強した内容を確認するテストやレポートで概ね決まります。テストやレポートは個人単位で採点されるので，通常は複数人でチームを組み，チームの平均点があなたの点数になることはありません。しかし，実社会ではそれに近いことが起こります。

思想家・内田樹さんの『街場の教育論』の一節（211頁）を紹介します。「ヤマダくんはある教科でいつも100点をとる。スズキくんは80点しか取れない。でも０点ばかりとっている隣のサトウくんを気の毒に思って，やり方を教えたので，サトウくんは30点が取れるようになった。100点のヤマダくんが80点のスズキくんより高い評価を受けるのは，受験では当たり前のことです。でも労働の場では違います」。たしかに労働の場（実社会）では，順位が変わる可能性があります。組織のパフォーマンスを180点から210点にアップさせた成果がスズキくんに加わるからです（図3.2）。社会人の評価は，個人の能力の高さだけで判断されるわけではありません。個人の能力を組織のなかで発揮し，全体のパフォーマンスに寄与することが求められます。

個人の能力を高める努力をしつつ，それを自分のためだけでなく他者のためにも活かし，チームや集団のメリットのために貢献する。これが，周囲から信頼され，必要とされる社会人に必要な姿勢と言えるでしょう。これは就職活動における評価ポイントでもあるので，大学生活で同様の実践をしていけば，学生から社会人への移行はスムーズになるはずです。

協働という働き方

「協働」とは，「個人の力を集団のパフォーマンスに反映させる働き方」と表現することができるでしょう。

〈仕事とは〉
異なる立場や価値観，特技を持った者同士が，同じ目的（ゴール）を目指して，自分を活かしつつ，他者と協力しながらものごとを前に進めていくこと。

世の中は競争社会だと言われることが少なくありません。必要なのは協働より競争なのではないかと，疑問を抱く人もいるでしょう。たしかに，商品やサービスが売買される場（マーケット）では組織同士がしのぎを削り，よりより商品やサービスを提供しようと競い合います。だからこそ，組織内では協働が必要なのです。自分を含めた全メンバーの持てる力をすべて発揮して，より優れたものをマーケットに提供していく必要があります。

いまや１人で完結する仕事は，ほとんど存在しません。組織に所属しないフリーランスであっても，依頼を受けて仕事をするわけですから，協働という関係性のなかに組み込まれて働くことになります。必要性の濃淡はあるものの，仕事をするうえで他者と交流するスキル，つまり「コミュニケーション能力」は必須スキルです。場を盛り上げるトーク力や人を魅了するプレゼンテーションスキルを求めているわけではありません。それも仕事に活かせるスキルの一つですが，必須ではありません。求められているのは，一緒に仕事をするメンバーとの円滑な意思疎通です。相手の意見を理解したうえで，適切に自分の意見を伝えるスキルがあれば問題ありません。これは，先天的なセンスを必要とするものではなく，トレーニングで獲得できる教育可能なスキルです。また，対面で話すことだけがコミュニケーション手段ではありません。電話やメール，SNS，チャット，オンライン会議など，手段は年々多様になっています。自分らしいコミュニケーション能力をトレーニングで磨いていきましょう。

「協働」という仕事のやり方は簡単ではありませんが，各自ができることを提供しながら互いにカバーし合える，メリットの多い働き方です。支え合って生きる「自立」という考え方が仕事にも反映され，メンバー同士が「相手（You）」や「私たち（We）」を主語にして行動すれば，気持ちよく働くことができるでしょう。高校までの学校生活では，協働を必要とする活動が少ないので，メリットなどを感覚的に理解することは難しいかもしれませんが，大学では協働する機会が多くあります。自分のどんな特性が仕事をするときに活かせるのか？　自分の強みを活かした社会人ってどんなイメージなのか？　未来の自分を想像するためにも，自分から積極的に協働を経験していきましょう。

3　変化する社会に対応して生きる

テクノロジーに代替されない仕事

新しいテクノロジーが2010年頃から飛躍的に向上して，AI（Artificial Intelligence，人工知能）の研究が大幅に進みました。機械であるコンピューターがデータベースやウェブ上にあるさまざまな情報を「学ぶ」ことが可能になり（機械学習），人間ではとても覚えきれない量のデータを自動的に取り込むことで，瞬時にものごとを判断していきます。また，ロボットテクノロジー（RT）の分野でもAIが搭載され，荷物を運ぶといった物理的な作業も，おどろくべきスピードで自動化が進んでいます。こうしたテクノロジーの進化によって，今ある仕事の一部は，AIやロボットに代替されていくことが予想されています。

新しい技術の誕生や社会の変化によって，今ある仕事がなくなり，同時に新しい仕事が生まれる。これは，初めて起きている現象ではなく，ずっと以前から続いてきたことです。明治に誕生した「電話交換手」という仕事は，1960年代には自動化が普及して，その姿を消しました。「街灯の点火係」という仕事も電気が当たり前の現代では見る影もありません。仕事は世の中の変化に合わせて，新陳代謝していくものなのです。

野村総合研究所（2015）の試算では，労働者の約半数の仕事が，将来AIや機械で代替できるようになる可能性が高いと発表されました。この数字は過大であるといった批判もありますが，いずれにしてもAIやロボットが代替できる仕事は減少していくか，低賃金となる可能性が高いと言われています。一方で，新しく生まれる仕事もあります。テクノロジーを活用して，私たちの暮らしをよりよくするDX（Digital Transformation, デジタルトランスフォーメーション）関連の仕事の種類は増えていますし，今後のニーズも期待できるでしょう。

そもそもテクノロジー（技術）は，人間社会をよりよくするために開発され，活用されます。この“よりよい人間社会”を定義するのは人間です。AIやロボットに人間社会の理想を描いてもらうことはできません。AIは過去の膨大なデータから確率的に妥当な解（らしきもの）を選んでいるにすぎず，ロボットはそれに従って動いています。であれば，人間ならではの思考力を必要とする仕事は代替されにくいはずです。他にも，環境や感情の変化に対応する人間ならではの仕事，多様な人々と連携しながら行動する仕事など，定型化することが難しい仕事も代替されにくい分野と言えそうです。

学びの習慣の獲得

平均寿命が長くなり，仕事をする期間も50年近くまで延びました。１つの商品・サービスが，事業として成立するのは約30年と言われているので，あなたが大学を卒業して最初に就いた仕事が将来廃れ，新しい仕事を覚えていく必要が出てくるかもしれません。また，テクノロジーの進歩に合わせて私たちの日常生活や社会的ニーズも変化するので，新しい知識も必要になるでしょう。

「リスキリング（Reskilling）」という言葉があります。仕事をするスキルを再開発したり，再教育したりすることを意味します。これからの社会人は，変化する社会に対応するため，リスキリングしていくことが重要になっていくでしょう。しかし，社会人になると学校のように宿題や課題を出してくれる人はいません。周囲の人があなたの将来を心配して，リスキリングする分野を指示してくれることも少ないでしょう。必要な知識やスキルを自ら判断して，自分の意思で習得していく主体的な学びが必要です。学ぶことへの自由度が高い大学で，学びの習慣を身につける意義がここにあります。必修科目のように学ばなければならないことだけでなく，選択科目でも目的を持って取り組みましょう。また，疑問に思ったことや知りたいと感じたことは，さらに詳しく調べてみるなど，興味関心を活かした主体的な学びを実践しましょう。大学で学びの習慣を身につけることができれば，社会に出てから自らを「リスキリング」させていくことができるはずです。

大学の学びは教室のなかだけでなく，教室の外にも存在します。教室のなかの学びを「本業」とするなら，教室の外の学びは「副業」と言えるでしょう。部活・サークル活動，アルバイト，ボランティアなど実践をともなう副業は，より実社会に近い感覚を得ながら，協働のトレーニングになるはずです。本業で得た学びを副業という実践の場で活用することにより，その経験から新たな学問分野への興味が広がるなど，相乗効果も期待できます。大学は学びのテーマパークと言えます。学ぶために必要なリソース（資源）はふんだんに揃っていますし，主体的に学ぼうとすれば，いくらでも応えてくれる人がいてその環境があります。自宅と教室を行き来するだけの大学生活ではもったいないでしょう。本業も副業も充実させて，大学という学びのテーマパークを使い尽くしましょう。幅広い大学の学びが，あなたをさらに成長させてくれるはずです。

行動しながら学ぶ

何か新しいことに取り組むとき，必要なスキルや知識を得てから行動することが多いと思いますが，この順番を逆にして「行動しながら学ぶ」ことをおすすめします。成長するスピードが飛躍的に速まるので，変化していく社会に対応しやすくなるはずです。

テストであれば出題範囲が決まっていて，直前に変更されることはないので，

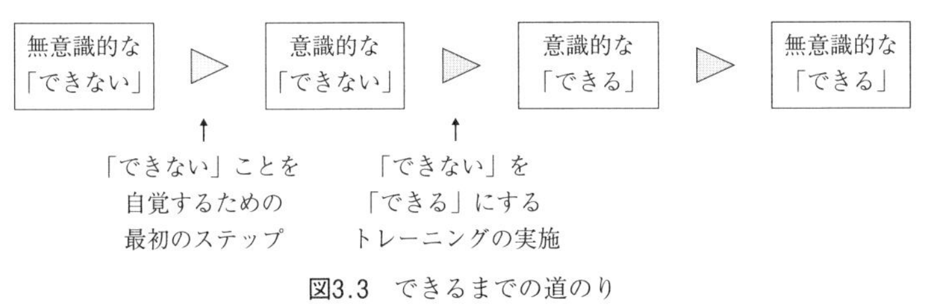

図3.3 できるまでの道のり

（出所） 筆者作成。

「学んでから行動」した方がよいでしょう。でも，現実社会では予測不能なことが多いため，必要な学びを事前に完璧に済ますことは不可能です。未来を正確に予測することができない以上，「学んでから行動」より「行動しながら学ぶ」スタイルの方が効率がよいと言えます。思いきって実践の場を獲得して，やらざるを得ない環境に自分をおいてみましょう。社会人になれば，「行動しながら学ぶ」スタイルの方が一般的なので，慣れておく意味もあります。

当然，失敗するリスクはついて回ります。でも，成長するプロセスには必要なことなので，失敗を避けようとしない方がよいでしょう。失敗を避けたい気持ちはわかります。「人に迷惑をかけたくない」「相手をガッカリさせたくない」「恥をかきたくない」など，さまざまな理由があるはずです。でも，「できるまでの道のり」の最初のステップは「できない」ことを自覚する，つまり失敗することです（図3.3）。できないことができるようになるプロセスには，失敗を経験することが必要不可欠と言えます。失敗はあなたの価値を下げたりしません。できないことはあなたの伸びしろ（成長の余白）であり，ポテンシャルの高さです。思いきって行動してみることを大切にしてください。

ただし，注意も必要です。がんばりすぎては息切れしてしまいますし，成長すること自体が辛くなってしまいます。自分のペースで，ゆっくりと確実に「できるまでの道のり」を歩んでいくことをおすすめします。

4 大学生活における５つのアドバイス

120%にトライしよう

今の実力を100%とした場合，120%が求められる経験にトライしてみましょう。適度なストレスを与えることで，自分を向上させることができますし，価値ある失敗経験を得ることができます。

今の実力で対応可能なことばかり経験していては，心身の向上は望めません。実力より少し上のことにトライして，自身を鍛える必要があります。おすすめは，ジャンプすれば手が届く高さにトライすることです。120%ぐらいの「がんばればできる」目標設定が，あなたの実力を引き上げてくれます。いきなり200%では気持ちが負けてしまいそうですが，小さなトライを何度か繰り返す方法なら，がんばることを継続しやすいでしょう。これはスモールステップと呼ばれる成長手法です。

ジャンプすれば手が届くトライでも，実力以上のことに挑戦するわけですから，失敗を避けて通ることはできません。でも，この失敗には価値があります。失敗が成果になるからです。必要なのは「リフレクション（内省，振り返り）」です。失敗した理由と対応方法を考え，２回目のトライをしてみましょう。１回目より上手くいったけど，満足いくレベルではなかったら，また理由と対応方法を考えて，３回目のトライをしましょう。小さな失敗経験をしながら学び，スモールステップで少しずつレベルアップしていく，このプロセス自体が実社会で評価される成果です。就職活動の定番質問である「学生時代に力を入れたこと」として，自己PRできるエピソードにもなるでしょう。

楽して成長できる裏ワザはありません。失敗経験から学び，自らをレベルアップさせていくことを大切にしましょう。仕事経験のない学生を採る新卒採用はポテンシャル（可能性）採用と言われ，伸びしろ（成長の余白）を高く評価します。だからこそ，成長につながる失敗体験が成果になるのです。今の実力で得られる成功体験より，達成困難な目標を立て，工夫しながら何度もトライする成長体験にこそ価値があります。学生時代の120%トライには，無駄になることが1つもありません。

もし，トライすることが見つからないのであれば，普段の学生生活，たとえば課題レポートや自学自習の目標値を120%に設定しましょう。新しく何かを始める必要はありません。いま取り組んでいることへの負荷を上げるだけで，成長体験をつくることができるはずです。

多様な人たちと交流しよう

学校というコミュニティーでは，関わり合う相手は概ね自分で選べます。グループ活動や委員会など，選べない場面もありますが，自分の意思で距離感を調整することは可能でしょう。しかし，職場というコミュニティーでは，上司や同僚を選ぶことはできません。1人で完結する仕事はないので，気の合わない人がいても，適切な意思疎通を図りながら，仕事を進める必要があります。社会人になれば，1日7時間から8時間という長い時間，職場で過ごすことになるので，多様な人たちとそこそこ上手くやっていくスキルが必要です。自分とタイプが異なる人，苦手な感じのする人と交流することがよいトレーニングになるでしょう。思いがけない友人を得ることができるかもしれないし，社会人に必要な「協調性」を身につけることもできるはずです。

協調性という言葉を「自分の気持ちは押さえ込み，忖度して，相手の意向に合わせること」だとイメージしている人が目立ちます。それも一つの解釈ですが，協働するときに必要な協調性は「ハーモニー」でしょう。自分の持っている音域を無理に変えることはせずに，相手とハモる音色を探してチューニングしていく。そんな風に自分を活かし，相手も活かす協調性が，多様性ある社会や職場では求められています。

多様な人たちと交流するメリットが，もう一つあります。あなたの言語スキル，つまり，わかりやすくものごとを説明する力を向上させてくれます。親しい友人や家族との会話を思いだしてみてください。単語もしくは極めて短いセンテンスで会話が成り立っているはずです。一緒にいる時間が長い相手とは，簡易な言葉で意思疎通が成立してしまうため，言語スキルを鍛えることは困難です。0から説明しないと自分の意図が伝わらない人と，言語を駆使した意思疎通をする。そんなトレーニングが有効です。

一緒に仕事をする時間が長くなれば，親しい上司や同僚も増えていきますが，協調性を発揮して言語を駆使して交流する必要のある人が，職場では圧倒的に多いと言えます。大学では，楽に交流できるコミュニティーばかりでなく，多様な人がいるコミュニティーで活動する機会も持ちましょう。新しい環境に不安やストレスを感じる人もいると思いますが，場数を踏むことで徐々に必要なスキルが身についていきます。多様な人との交流が，あなたの人間的な厚みや寛容性も育んでくれるでしょう。大学時代に，できるだけ交流の経験値を高めておくことをおすすめします。

思考力を鍛えよう

チェスや将棋で人間を打ち負かすほどの能力を見せるAIにも，苦手とするものがあります。AIは既にある情報を学習することに長けていますが，無関係に思える事象を関連付けたり，統合したりして，新しい概念や思想を生み出すことは苦手です。つまり，思考力はAIにとって苦手なスキルであり，人間に優位性があるスキルと言えます。

思考力を鍛えるには，安易にものごとの白黒を判断しようとはせずに，多様な立場から解釈して，深く長期的に考えるアプローチが有効です。しかし，意図的にトレーニングしなければ，脳はすぐに思考することを怠けます。大量にエネルギーを消費する器官なので，できるだけ楽をしようと手軽な結論で満足して考えることを止めてしまうのです。思考力を鍛えるトレーニング方法を2つ紹介しますので，日頃から実践してみましょう。

一つめのトレーニング方法は，「具象から抽象」です。私たちはテレビやウェブサイトを通して，毎日たくさんのニュースと触れ合っています。それら1つひとつは一見無関係に思えますが，たとえば「話題になるニュースの傾向とは？」という問いを立てると，相互の関連性や共通点を見つけようと脳が思考を始めます。そして，「人のプライバシーに関わる事象は話題になりやすいのではないか」といった抽象的な概念を導きだすことができます。これが「具象から抽象（帰納的な思考）」というトレーニング方法になります。もう一つは，その逆の「抽象から具象」です。「人のプライバシーに関わる事象は話題になりやすい」のなら，「プライバシーに関する法律の知識はニーズが高く，学んでおけば将来に役立つかもしれない」というように，抽象的な概念から，具体的に学ぶ対象を考えるような思考プロセスが「抽象から具象（演繹的な思考）」です。この2つの思考プロセスを普段から心がけるとよいでしょう。身の回りの出来事に対して，「？（疑問符）」を意識して問いを立てることができれば，そこから思考力トレーニングが始まります。

大学で鍛えたい思考力として，「批判的思考（クリティカルシンキング）」も挙げておきましょう。批判的という言葉の印象が強いので，間違いや欠点を指摘する粗探しのようなイメージを持たれやすいのですが，そうではありません。「本当にこれでよいのか」という視点で，よりよい結論につなげるための思考法です。ものごとを多角的に考える，前提を疑う，思考の偏りを見直すといったアプローチで，批判的思考力は向上していきます。

大学の学びには，思考力の鍛錬が欠かせません。専攻分野の専門用語や知識を理解することは大切ですが，それだけでは大学の学びになりません。得た知識を現実社会にある具象に当てはめて考えてみる，さまざまな具象を検証しながら学んだことと矛盾がないかを考えてみる，前提を疑う視点からものごとを捉え直してみる。思考力を駆使した大学の学びによって，変化する社会でも陳腐化することのない，テクノロジーにも代替されないスキルが育まれていくはずです。

インターネットとパソコンを使いこなそう

学生のスマートフォン（スマホ）所有率は，ある調査によれば100％だそうです。SNSをしたり，ニュースを見たり，天気や移動方法を調べたり，スマホはとても便利な道具です。でも，不適切なウェブサイトにアクセスすることもできてしまうため，18歳未満まではアクセス先を制限するなど，フィルタリング機能の利用が義務づけられていました（親権者の同意書があれば利用しないことも可能）。しかし，社会的な「自立」を目指す大学生活では，制限のない設定でスマホという道具を使いこなせるようになりたいものです。もしフィルタリングがかかったままなら，保護者に許可をもらい，解除することを検討しましょう。いまやスマホは仕事でも欠かせないアイテムです。自己管理できることが前提ですが，これまで以上にスマホを使いこなすことも，ITリテラシー（情報技術を利用し使いこなすスキル）の一つと言えます。

パソコンを使いこなすことは，スマホ以上に重要です。自分専用のパソコンを用意して，日々の学業に活用しましょう。実社会におけるパソコンの必要性を，かつては学業におけるノートと鉛筆に例えていましたが，時代はさらに進み，パソコンはいまや仕事をするうえでの「インフラ（インフラストラクチャーの略。生活や産業活動の基盤となっているもの，水道や電気など）」と言うべき存在です。パソコンがなければ，仕事が何一つ進まない，日々のメール連絡や資料作成だけでなく，契約手続きから勤怠管理まで，すべてパソコンで行う職場も珍しくありません。ペーパレス化で，データや情報の共有もクラウド上で行うことが増え，さらに新しいシステムやサービスの導入が進んでいます。これらを使いこなし，仕事で活用していくためのスキルが求められます。高度なIT技術や知識が必要なわけではありません。常に変化していくテクノロジーに対応して，情報機器を使いこなすことが大切です。日々パソコンを利用していれば，必要な知識は自然と刷新されていき，トラブル対応も身に付いていくはずです。パソコンを学業のメインアイテムにして，ストレスなく使いこなせるレベルを目指しましょう。

マネーリテラシーを身につけよう

生きていくためにお金は欠かせないものです。とても重要な存在なのに，お金の知識や情報を得る機会は意外と多くはありません。マネーリテラシーという言葉があります。お金の知識を得て，上手に活用するスキルのことです。まずは，お金を自己管理することからスタートして，徐々にマネーリテラシーを高めていきましょう。自己管理の手始めとして，自分名義の銀行口座を，自分でつくることをおすすめします。銀行による違いはあるのか，口座を開くときに必要なものは何か，インターネットバンキングを利用するときに注意すべきことは何かなど，自分で手続きをすることで，初めてわかることがたくさんあるはずです。

自分用の口座ができれば，自分名義のクレジットカードをつくることができます。成人年齢が18歳になったことで，保護者の同意が必要なくても手続きが可能になりました。わからないことは聞きながら，自分で手続きするのも勉強になるでしょう。カード会社の役割を調べたり，ポイント還元率や付帯サービスなどを比較して，自分にとって利用価値の高いお得なカードをリサーチしたりすれば，多くのマネー知識を得ることができます。しかし，注意も必要です。クレジットカードを使えば，身の丈以上の消費をすることができてしまうので，計画的に利用することが求められます。口座の収支管理（お金の支出と収入を把握すること）をして，使いすぎないためのルールを決めるなど，自己管理する方法も自分で考えましょう。

金融ビジネスに興味のある人なら，資産運用を検討してみるものよいでしょう。資産運用には，投資信託や株式投資などが該当します。投資信託なら，商品別の運用実績の違いに着目して，金利や利息，外国為替などの知識を得ることができます。TOPIX（トピックス）などから日本経済の動向を知ることもできるでしょう。株式投資なら，興味ある企業のIR情報（財務状況など投資の判断に必要な情報）をチェックする必要があるので企業情報も得られますし，世の中の動きや流行から，どんな企業の株価が上がりそうかを予想するのも面白そうです。実際に投資をしなくても，学生向けのバーチャル株式投資というサービスを利用したり，株のバーチャルゲームに参加したりして，リアルと同様の経験をすることが可能です。わからないことがあれば，関連する授業を履修したり，直接教員に質問したりすれば，あなたのマネーリテラシーは飛躍的に高まるでしょう。

マネーリテラシーと同様に必要なのが，マネートラブルに関する知識です。成人になったことで，さまざまな契約や登録が自分の意思で行うことができます。うっかり消費者トラブルに巻き込まれる可能性も考えられます。「簡単に稼げる」「お得な購入方法がある」といったおいしい話には，必ず裏があるものです。どんなに魅力的な内容でも，お金が関係する契約や登録は即決せずに，一旦時間をおいて再考するか，信頼できる大人に相談することをおすすめします。万が一，トラブルに巻き込まれたときは，国民生活センターの「消費者ホットライン」などで相談するとよいでしょう。

お金はとても便利なものですが，それゆえリスクもともないます。だからといって，いつまでも人任せというわけにもいきません。電子マネーや仮想通貨など，貨幣という存在自体が形を変えつつあり，従来とは異なる新しいマネーリテラシーも必要になっています。リスクをコントロールしながら，経験値を増やしておいて損はありません。

引用文献

内田樹（2008）『街場の教育論』2008年，ミシマ社。
松村明編（2006）『大辞林』（第三版），三省堂。
野村総合研究所（2015）『日本の労働人口の49％が人工知能やロボット等で代替可能に――601種の職業ごとに，コンピューター技術による代替確率を試算』。

第Ⅱ部
大学の歩き方
──「場所」としての大学と大学生の暮らし──

第4章　実際に学内を歩いてみよう
——キャンパスマップは入手済み？

大学のキャンパスにはさまざまな施設や設備があります。学内で安心して過ごせるように，自分だけのキャンパスマップを作りましょう。そして大学では，年間スケジュールにもとづいてさまざまな行事が行われます。これらの情報をしっかり把握しておくことも重要です。

1　キャンパスマップ

大学の施設の配置を知る

先進的な教室，広い運動場，おしゃれなカフェ，きれいな花壇など，大学のキャンパスにはさまざまな施設があります。みなさんは自分の大学にどのような施設があるか知っていますか？

学校の施設が設置された建物が校舎です。大学設置基準という省令の中では，大学の組織や規模に応じて，教室，研究室，図書館，医務室，事務室その他必要な施設を備えた校舎を有することと定められています（第36条）。それ以外に，運動場，体育館，スポーツ施設，講堂，寄宿舎，課外活動施設などを必要に応じて設けることとされています（第35条）。また，学生が交流，休息その他に利用できる場所も必要とされています（第34条）。以上は大学設置基準に例示された施設ですが，これら以外にもさまざまな施設が大学にはあります。たとえば学生向けの食堂，購買，書店のほか，チャペルのような礼拝堂がある大学もあるでしょう。設置されている学部によっては病院や農場などの附属施設があるかもしれません。

自分の大学にはどのような施設があるか，大学の中を歩いて探してみましょう。自分で地図を作りながら探検するのも面白そうです。最近では，ウェブサイトに「キャンパスマップ」を掲載している大学も増えています。それを見ながら探検してみるのもよいでしょう。

まずは，どこにどんな建物が配置されているかを確認します。それぞれの建物には，○○棟や○○館などと名前がついています。建物はどういう形をしていますか？　出入口はいくつありますか？　そして，どのような施設が中に入っているでしょうか？　名前から想像できることもあるでしょうし，まったくわからないこともあるでしょう。それがどのような建物なのかを想像しながら，実際に建物の中に入ってみましょう。

建物の中には，教室，実習室，研究室，事務室などさまざまな部屋があるはずです。壁には絵が掛けられているかもしれません。エレベーターやエスカレーターがあるかもしれません。階段を上った先に少し休めるラウンジスペースがあるかもしれません。1つひとつ巡りながら，どのような施設が建物の中にあるのか確認しましょう。トイレや洗面所などの場所や，AED（自動体外式除細動器）の設置箇所，避難経路などを確認しておくこともお忘れなく。

建物と建物がつながっていることもあります。連絡通路がどこにあるのかも確認しておきましょう。この階からはつながっているけれども別の階からはつながっていない，ということもあります。

建物以外の施設も探検しましょう。運動場の端まで行ってみましょう。もしかしたらそこから奥の方に行くと，さらに別のスペースがあるかもしれません。とにかく，キャンパスの端から端まで歩いてみてください。これまで知らなかった場所や，初めて見る場所があるかもしれません。大学生活の中で，隅々までキャンパスを歩く経験をすることはほとんどありません。ですから，一度隅々までキャンパスを歩いてみませんか？　また，大学によっては別の場所にもキャンパスがあります。歩いて行ける距離に別キャンパスがあるかもしれませんし，バスや電車で移動する必要があるかもしれませんが，別キャンパスにも足を運んでみましょう。そして別キャンパスでも，同じようにいろいろと探検してみましょう。

このようにして，自分自身の「キャンパスマップ」を作ると，自分の大学にぐっと愛着がわいてきます。

お気に入りの場所を見つけよう

キャンパスをいろいろと探検していくと，ここはよいな，とか，ここは落ち着くな，という場所が見つかると思います。そんな「お気に入りの場所」を探してみましょう。大学のキャンパスという「場所」を隅々まで探検するだけでなく，それぞれの場所が持っている雰囲気やたたずまい，そこから感じるパワーのようなものを見極めることが大切です。そして，自分が心地よいと感じるのはどのような場所なのか，それはなぜなのかを考えましょう。

大学では自分で情報を集め，それを検討したうえで活用することが求められます。そうした情報の中には，「場所」に関する情報も含まれています。実際に歩き回る中で，三次元的に場を把握する能力（どこに何があるかを空間的に把握する力）を伸ばし，さらにその場の情報を把握し検討する能力（場の雰囲気を感じ取るセンス）も身につけましょう。こうした能力は，大学を卒業したあとでも十分に役に立つことでしょう。

大学の中で「居場所」を見つけることはとても大切です。気が置けない仲間たちと雑談したり，ときに真剣な話をしたりできる「たまり場」や「隠れ家」のような，心地よく感じることのできるスペースを見つけましょう。それはゼミ室かもしれませんし，サークル室かもしれません。もしかしたら大学の近くに住んでいる友人宅かもしれませんね。

ところで，大学のキャンパスという場所にはかつて，古くて汚く，混沌としているというイメージがありました。さまざまな内容の立て看板が無秩序に立てられたり，校舎や銅像などへの落書きがあったりしました（京都大学の折田先生像について調べてみてください）。筆者が学生の頃にもまだそのような雰囲気が残っており，自身が見つけた居場所もなんとなく「アンダーグラウンド」な印象があったと記憶しています。

最近の大学は，さすがにそんな混沌とはしていないでしょう。キャンパスもきれいに手入れが行き届いていますし，多くは敷地内禁煙となっており大変クリーンな印象を受けます。みなさんのお気に入りの場所や居場所は，筆者が大学生だった時代と比べるとずいぶん雰囲気が違うのかもしれません。時代によって，そうした場の持つ雰囲気も変わっていくのだと思います。みなさんが見つけるお気に入りの場所や居場所はどのような雰囲気でしょうか？

２　大学の施設や設備

教室

それでは，大学の施設や設備について詳しく見ていきたいと思います。まずは教室です。その名の通り授業が行われる場所です。大学は高校までと異なり，いわゆる「ホームルーム」はありません。指定された時限に指定された教室で授業が行われ，その授業を履修している学生がその教室に集まります。教室の視点から見れば，ある教室は毎時間教員と学生が入れ替わり，授業が配置されていなければ誰も使っていない「空き教室」となります。学生ごとに時間割が違うため，授業ごとに履修者も変わります。なお，授業については第１章の第１節，第８章の第１節と第４節を参照してください。

たいていの教室には黒板や教卓があります。そして，プロジェクタ投影用スクリーンやテレビモニタなどの大型提示装置，マイクやスピーカが設置されています。教卓をよく見ると，マイクだけでなくDVD・ブルーレイの再生装置や実物投影機が設置されていることもあります。遠隔授業でも活用できる，収録用のカメラが設置されている教室もあるかもしれません。こうした設備を活用して授業が行われます。

みなさんの座席はどうでしょうか？　高校までと同じように，机や椅子が１つひとつ独立しているような教室もありますが，大きな教室だと，数人が座れる長さの長机に人数分の椅子がくっついていて，さらにそれらが床にも固定されている場合があります。教室によっては，階段教室といって，座席が階段状になっており，後ろにいくほど座席が高くなっていることもあります。

授業でパソコンを利用することは今や当たり前になっていますので，先進的な教室には各机に電気のコンセントが設置されているかもしれません。また，Wi-Fi（ワイファイ）（無線LAN）だけではなく有線でもインターネットに接続できるようになっているかもしれません。とはいえ，多くの教室にはそのような設備はまだ準備されていないでしょう。そのため，授業でパソコンを利用したいと思っている方は，バッテリーが長時間もつ機種を用意した方がよいでしょう。

実習室

教室とは別に，実習のためのさまざまな設備があらかじめ設置されている教室もあります。たとえば，パソコンが利用できる情報実習室（名前は大学によって異なります）があります。語学系の授業では，パソコンだけでなく音声をやりとりできるマイクなどの設備が設置されている，CALL（コール）（Computer Assisted Language Learning）教室を使います。法学系の授業で利用する模擬法廷や，教員養成系の授業で利用する模擬教室など，実際の場所を模してそこで実習ができるようになっている教室もあります。それ以外にも，さまざまな授業でさまざまな実習が行われており，それに合わせて教室が用意されていることも多いです。自分の大学にどのような実習室が設置されているのか調べてみましょう。

なお，教育実習や福祉系の実習など，大学の外で行われる実習も数多くあります。そうした実習を運営したり，学生からの相談を受け付けたりする場所が，「実習支援室」などの名前で設置されていることがあります。また，情報実習室のパソコンの利用方法や，パソコンを使っていて困ったときに相談できる場所が，「サポートデスク」などの名前で設置されていることもあります。

図書館

大学には必ず図書館があります。図書館は大学にとって無くてはならないものです。研究の面からも，教育の面からも，私たちは図書館と共にあると言っても過言ではありません。本を読んだり（閲覧），本を借りたり（貸出）するという点では，みなさんがこれまで利用してきた，自治体が開設している図書館や学校の図書室とそれほど違いはありません。大学の図書館の最大の特長は，その大学で行われる研究・教育・学習のための学術書や専門書が充実しているという点です。保管している本の冊数（蔵書数）は，中学校や高校の図書館と比べるとかなり多いはずです。たとえば東京大学の図書館全体の蔵書数は約960万冊だそうです。自分の大学の蔵書数や，どのような種類の本が多く揃っているかを調べてみましょう。

大学の図書館には，本だけでなく論文（ジャーナル）もあります。以前は論文誌（雑誌ともいいます）を国内外から定期購入することがほとんどでしたが，最近では，論文は電子ジャーナルの形で発行されることが多くなり，雑誌の形ではなく，図書館内のパソコンなどを使って読めるようになっています。そうした最新の論文にアクセスできるのも，大学図書館の特長です。これ以外にも映像資料や音楽など，多様な資料が図書館に用意されています。第5章の第1節も参考にしながら，図書館を歩いてみてください。

ラーニング・コモンズ

ラーニング・コモンズという言葉を聞いたことがありますか？　学生の学習（自習やグループ学習なども含めて）をサポートするための施設です。図書館内に設置されていることが多いのですが，大学によっては図書館とは別に設置されていることもあります。机や椅子は教室と異なり，さまざまな学習の形にあわせて，それらを組み合わせて利用できるように工夫されています。ホワイトボードや大型モニタが設置され，貸し出し用のパソコンなどが用意されているほか，学習やその他さまざまな相談ができるように，職員や教員（場合によっては先輩の学生）がいることもあります。学生の学びを支援するための多様な活動が行われている場所がラーニング・コモンズです。もし大学にラーニング・コモンズがあれば，ぜひ一度足を運んでみてください。

体育館・運動場

大学には体を動かすための施設があります。屋内であれば体育館，屋外であれば運動場です。授業で利用するほか，サークルで利用することもあるでしょう。体育館には屋内競技ができるような設備がありますが，トレーニングのできるフィットネスジム，ランニング競技のできるトラック，プールなどが併設されていることもあります。シャワー室や更衣室もあるはずです。屋外にはテニスコートや野球場，サッカー場などがあります。夜でも活動ができるようにナイター設備が整っているかもしれません。

購買・食堂

大学には，コンビニエンスストアのようにさまざまなものを購入できる場所があります。「購買」「購買部」などと呼ばれます。そこではお弁当やお菓子だけでなく，文房具や本も販売されています。店舗によっては，パソコンや大学のオリジナルグッズが販売されていることもあります。運営しているのは大学生協（大学生活協同組合）だったり，一般の企業だったりします。下宿先の斡旋や旅行の手配など，さまざまなサービスを提供している運営者もありますので，自分の大学の購買ではどのようなサービスが利用できるか確認しましょう。また，「学生食堂」や「学食（がくしょく）」などと呼ばれる，学生向けの食堂もあります。学生向けに多様なメニューが用意されていますので，自分の好きなメニューを探してみてください。大学によっては，学生食堂以外にも，カフェや少しリッチなメニューを提供しているレストランなどがあります。

サークル棟（サークル室）

大学に入学したらサークルに入りたいと考えている学生は多いと思います。多くの大学では，大学に認められたサークルが拠点とするための部屋（サークル室や部室などと呼ばれます）が用意されています。それらの部屋がまとまっている建物がサークル棟です。サークル棟を歩いてみると，いろいろなサークルのメンバーに出会えます。サークル室以外にも，多目的室など屋内で練習や公演ができる施設や，倉庫などが設置されていたりすることもあります。

事務室

大学における学生の学びや生活を裏から支えているのが大学事務職員です。そして彼らが働いている場所が事務室です。大学生活の中では，事務室に行って事務職員のお世話になることも多くあります。たとえば，授業の履修のことで相談があれば教務系の事務室（学生課，教務課，教育支援課などさまざまな呼び方があります）に行くことになるでしょう。就職の情報を知りたいのであれば就職支援系の事務室（就職課，就職支援課，キャリア課など）に行くことになります。パソコンのことで困ったときは情報系の事務室（情報システム課など）を頼ることになるでしょう。これら以外にも多くの事務部署があります。たとえば入試課や広報課など大学の運営に関わる部署，総務課や財務課など大学の管理に関わる部署，そして，司書課（図書館担当）や国際課（留学生担当）など特定の役割のための部署などです。学生が直接関わらない部署もありますが，どこにどのような部署があって，どのような職員が働いているのかについては，一度調べておくとよいでしょう。

教員研究室

小・中・高校とは異なり，多くの教員を１つの部屋に集めた「職員室」のようなものは大学にはありません。教員には個人の（場合によっては複数名で利用する）研究室が割り当てられており，普段はその部屋を利用して研究活動や授業準備などを行っています。質問や相談がある場合には，教員の研究室を直接訪ねることもあるでしょうから，どの教員がどの研究室にいるかわかるようにしておきましょう。研究室の場所は，ウェブサイトに掲載されていたり，建物の入口に掲示されたりしていますので，そこで確認できます。なお，大規模な大学や理系の大学などでは，教員だけでなく，その研究室に所属する大学院生・大学生が集まって研究活動ができるよう，大きな部屋が用意されていることもあります。

その他の施設や設備

これら以外にもさまざまな施設や設備が大学には設置されています。怪我をした時や病気の時に対応してくれる，または健康に関する相談に乗ってくれる医務室と，困ったときにさまざまな相談に乗ってくれる学生相談室は，必ず場所を把握しておいてください。学生寮や合宿施設が設置されている大学もあります。キリスト教系の大学であれば，チャペル（大学の礼拝堂）があるはずです。授業の空きコマ（空き講）の時間に休憩できるような場所（ラウンジや中庭のベンチなど）もありますので，本章の第１節で述べたとおり，お気に入りの場所を探すとよいでしょう。

3　大学で行われる主な行事

大学の年間スケジュールを知ろう

大学の年間のスケジュールは学年暦（学校暦）という形で設定されています。入学式や学校祭などの毎年決まった時期に実施するイベント（行事）も，授業実施期間や定期試験期間なども，学年暦として決まっています。まずは，自分の大学の今年の学年暦を確認しましょう。学年暦の細かいところは毎年異なります。自分のスケジュール帳に大学の年間スケジュールをある程度メモしておきましょう。

授業期間

多くの大学では，前期・後期（春学期・秋学期）のように，１年間を２つの学期に分けて授業を行っています（２学期制，セメスター制）。前期は４月から８月くらいまで，後期は９月，10月から１月，２月くらいまでの間で授業を履修します。最近では１年間を４つの学期に分けた４学期制（クォーター制）を取り入れている大学もあります。

授業は基本的には週に１回，合計でおよそ15回行われますので，２学期制であれば15週間が実際に授業をする期間となります。４学期制の場合は週に２回授業を行い，7週間から8週間が授業の期間となります。大学によって違いますが，祝日を平日と同様に考えて授業日としている場合もあります。学年暦で授業開始日や終了日，祝日の授業日などをしっかり確認しておきましょう。授業日以外の期間には，試験期間や集中講義期間が設定されています。そしてそれ以外の期間が長期休暇となります。長期休暇の過ごし方については第1章の第3節を参照してください。

休講と補講

授業が休みになることを「休講」といいます。たとえば教員が出張などで授業ができなくなるとその日のその授業が休講になります。休講になったあとは「補講」があります。休みになった授業の代わりに授業を行います。その補講が土曜日など，通常の授業日以外に行われることもあるので，いつ補講が行われるのか常に注意しておいてください。大学によっては，学年暦に統一補講日として，この日に補講を行うように設定している場合もあります。そういう日には予定を入れないようにしましょう。最近では，映像のオンデマンド配信とそれをもとにした課題提出という形で補講が行われる場合もあります。

試験期間・集中講義期間

15週の授業（2学期制の場合）が終わると試験期間です。この期間は，定期試験を実施するためだけの期間となります。定期試験のために特別な時間割が作成されることもあります。試験期間が近くなると，図書館が満席になったり，図書館にある必要そうな本がすべて貸し出し中になったり，コピー機の前に長い列ができたりします。この試験で単位が取れるかどうかが変わってきますから，学生は必死です。それと同時に，レポートを作成するための準備も始めなければなりません．なるべく早いうちから，余裕を持って試験やレポートの準備をしておくとよいでしょう。

また，集中講義を行う期間が設定されていることもあります。集中講義は3日から5日程度の期間，朝から夕方まで，その名の通り集中的に授業が行われるタイプの授業です。

学校祭

高校には文化祭や体育祭があったと思いますが，大学にも似たようなイベントがあります。それが学校祭です。「学祭（がくさい）」と呼ばれることもあります。「〇大祭」や「〇学祭」など学校祭の名前は大学によって異なります。人気芸能人によるステージがあったり，模擬店が並んだり，サークルの発表会があったり，学術的な催しがあったりなど，内容は多岐にわたります。近隣の高校生や大学生，地域の方々が遊びに来るなど，比較的大規模に行われます。学校祭の期間前後は授業が行われず休講になることもありますので，学年暦で確認しましょう。

学校祭以外にも，体育祭が行われている大学もあります。また，一部の体育系のサークルなどでは，他大学との交流試合が定期的に行われていることもあります。たとえば，東京大学や京都大学など７つの大学で毎年行われている全国七大学総合体育大会（七大戦）が有名です。

その他の行事

入学式や卒業式は大学生にとって最も重要な式典の一つです。入学式は４月，卒業式は３月に行われますが，前期末で卒業する学生を対象に，９月に卒業式が行われることもあります。入学式の前後はオリエンテーションの期間です。大学や授業の履修に関するさまざまな説明が行われます。健康診断をオリエンテーションと同時に行うこともあります。

その他，大学によってさまざまな行事が行われています。たとえばキリスト教系の大学であれば，チャペルに集まって話を聞いたり音楽の演奏を聴いたりするチャペルタイムや，クリスマスツリーをライトアップするための点灯式などが行われることもあるでしょう。自分の大学の学年暦をよく確認し，興味深い（面白そうな）行事には積極的に参加してみましょう。

4　学内で安心して過ごすために

具合が悪くなった・けがをした

授業中急に具合が悪くなったり，サークルの活動中にけがをしたりすることがあります。その場合はすぐに大学内にある医務室（または保健センター）に行き，応急手当をしてもらいましょう。薬をもらったり，少し横になって休んだりすることもできますし，必要に応じてその後の指示を仰ぐこともできます。ですから，本章の第２節でも述べたとおり，医務室の場所は必ず把握しておいてください。

大学の医務室では，健康診断の時などに，その学生の健康に関する情報を集めています。それにくわえて，自身の持病や特性（アレルギーや障害）などがある場合は医務室であらかじめ把握しておいてもらうと，何かが起こったときにスムーズに対応してもらえます。自分の健康情報を前もって医務室に伝えておくとよいでしょう。医務室には学校医，保健師，看護師などがいますが，彼らが普段から相談に乗ってくれるでしょう。

なお，病気やけがをして病院に通ったり入院したりすることも出てくるかもしれません。その際の出費は結構大きな額になりがちです。いざというときの金銭的な負担を少しでも減らすために，大学生協の学生総合共済などの保険に加入しておくことをおすすめします。

落とし物や忘れ物をした・盗難に遭った

落とし物をしたときや，教室に忘れ物をしたときは，まず落とした付近や忘れ物をした教室を探すと思いますが，それでも見つからなかった場合は事務室に確認に行きましょう。誰かから届けられているかもしれません。財布・クレジットカード・スマートフォンをトイレに置き忘れることもよくあります。これらから個人情報が漏れることもありますので，紛失には十分気をつけなければなりません。逆に落とし物や忘れ物を見つけたときは，すぐに事務室に届けましょう。落とした（忘れた）人が急いでその場所に戻ってくるかもしれませんが，戻ってこないかもしれませんし，その間に落とし物や忘れ物を盗まれる危険もあります。しかし事務室に届けておけばそのような心配をしなくてもよく，安心です。

また，学内で盗難に遭うこともあります。盗難に遭ったときはすぐに事務室に届け出ましょう。大学には自分たち学生と教職員しかいないため比較的安全だと思いがちですが，盗難の被害に遭う学生は後を絶ちません。犯人は同じ学生という場合もありますし，大学とは無関係の部外者の場合もあります。多くの大学では，キャンパスや校舎に比較的誰でも自由に出入りできてしまう現状があります。大学では，所持品は自己管理が原則です。所持品の取り扱いには十分注意し，とくに貴重品は手元から離さないようにしましょう。

不審なサークルから勧誘された

先述した通り，大学に入学したら何かしらのサークルに入りたいというのは，多くの学生の考えることだと思います。しかし中には，怪しい団体がサークルを装って勧誘している場合もありますので注意が必要です。とくにカルト宗教（やその学生組織）は信者獲得のため，ヨガサークルやボランティアサークルなど，善良な一般サークルを装って近づいてきます。ある程度関わってしまうと，何かおかしいと思っても，それまでにできてしまった人間関係もあり，なかなか「No」と言えず，ずるずるとそこから抜け出せない状況になることもあります。当初の目的と異なる活動が見られたときや，直感で怪しいと感じたときは，それ以上そのサークルに関わらないようにし，誘われても毅然とした態度で断りましょう。

最近はSNS（ソーシャル・ネットワーキング・サービス）上での勧誘も多く見られます。TwitterやInstagramなどで，怪しい団体が「#春から○大」などのハッシュタグを使って情報発信していることもあります。そうしたアカウントの情報をリツイートしたりシェアしたりすることはやめましょう。一見して問題がなさそうな団体であっても，ウェブ上で団体名を検索して素性を確かめるなど，十分に気をつけなければなりません。学内でこのような勧誘を受けた場合は，すぐに事務室に報告して指示を仰ぎましょう。また，勧誘に応じる際は，大学公認のサークルかどうかを確かめてからにしましょう。

大学生をターゲットとしたマルチ商法も問題になっています。「儲かる話がある」と知人に誘われ話を聞きにきて，気づいたら高額のUSBメモリを買わされていた，投資のためのお金を金融機関から借金して払わされた，などの事例があります。マルチ商法では他人を紹介するように促されるため，だまされていると気づかないままに，さらに自分の友人を誘ってしまうこともあります。金銭的な負担の増加だけでなく，友人関係の悪化を招くなど，失うものが非常に大きいので注意が必要です。

2022年４月１日より，成年年齢が20歳から18歳に引き下げられ，保護者の同意なしに自分で契約が出来るようになりました。これまでは，保護者の同意を得ずに結んだ契約は後から取り消すことができました（未成年者取消権）が，これからは契約の取消しなどは原則としてできなくなります。そのため，契約を結ぶときには細心の注意を払う必要があります。

最後に，世の中に簡単に儲かる話はありません。うまい話や甘い話には必ず裏があります。そもそもそんな儲け話が本当にあるなら，他人には教えずに自分で稼げばよいのです。儲け話を持ってくる知人とは今後連絡を取らない，という気持ちでいるくらいがよいのかもしれません。

その他困ったときは

その他にも，大学生活の中では，いろいろと困った事態に直面することが考えられます。そんな時は１人で抱え込まないで，とにかく誰かに相談してください。日常のちょっとしたことなら友人やクラスメイトに，授業の内容に関することなら担当の教員に聞きましょう。授業の履修に関することなら教務系の事務室を頼りましょう。健康に関することは医務室がよいでしょう。何かわからないけどとにかくイライラするとか，漠然と不安があると感じている場合は，学生相談室へ行ってください。学生相談室は「最後に行くところ」ではありません。普段から気軽に話をしに行っても構いません。ラーニング・コモンズのスタッフに話を聞いてもらうこともできるかもしれません。

大学にはさまざまな人がいます。みなさんと合う人だけでなく，合わない人もいます。これは仕方がないことです。しかしほとんどの教職員は学生のみなさんの支えになりたいと考えています。ですから，困ったときは何でも相談して欲しいですし，いろいろな人を頼って，自分と合う人を探して欲しいとも思います。なお，大学生活で困ったときは第6章も参照してください。

第5章　さまざまな情報を使いこなそう
――大学は情報の宝庫

情報を「アウトプット」するためには，多くの情報を「インプット」しなければなりません。まずはとにかく多くの本を読むことが必要です。また，パソコンなどの情報機器を最大限に活用することで，より効果的・効率的にインプットとアウトプットが出来るでしょう。

1　本を使いこなす

図書館や書店に行こう

大学生にとって，本を読むことはとても大切です。単純に新しい知識を得られるだけではありません。本を読むことによって多様な考えを知ることができますし，自分の頭でいろいろなことを考えるきっかけにもなります。しかし多くの大学生はあまり本を読まなくなったようです。全国大学生活協同組合連合会（2022）の調査によると，1日の読書時間が「0分」であると回答した学生（つまり，まったく本を読まない学生）の割合は増加傾向にあります。2012年までは40%未満でしたが，2013年に40.5%，2017年には53.1%まで上昇しました。2018年には48.0%と再び50%を切ったものの，2021年には50.5%となりました。

普段の忙しい学生生活の中では，本のことまでなかなか気が回りません。SNS，ゲーム，テレビ，動画サイトもありますから，なかなか本を読むことにまでたどり着かないかもしれません。しかし，せっかく大学生になったのですから，本を読むことを一度は体験してみませんか？　本を読むために必要なものは時間だけです。そしておすすめの方法は，まず大学の図書館に足を運んでみることです。とにかく一度，大学の図書館を訪ねてみましょう。

図書館に入館したら，どこにどのような本が置いてあるかを確認しながら，ぐるっと一周回ってください。その途中で，表紙やタイトルを見て，少し気になった本を1冊選んで，手に取ってください。そして，その本の1頁目をめくってみましょう。何が書いてありますか？　目次などを見て，何となく気になった頁をパラパラとめくってみてください。何となく読めそうな気がしませんか？　そうすれば後はその本を読むだけです（本の読み方は後述します）。何気なく手に取ったその本からあなたの「読書生活」が始まります！　気になった本はどんどん読んでいきましょう。

なお，ほとんどの図書館は「日本十進分類法」によって図書を分類しています。この分類では，大きいテーマから細かいテーマへ枝分かれする形で，第1次区分から第3次区分まで，「類」「綱」「目」が設定されています。それぞれに0から9の記号が与えられています。表5.1に第1次区分表（類目表）と3類（社会科学）の第2次区分表（綱目表）を示します。たとえば障害児教育や特別支援教育に関する本は「378」に分類されます。最初の3（類）が社会科学，次の7（綱）が教育，最後の8（目）が障害児教育や特別支援教育を表しています。興味のあるジャンルがあればその番号の付いた棚を探してみましょう。もちろん，ピンポイントで読みたい本があれば，OPAC（オーパック）（Online Public Access Catalog, オンライン蔵書目録）を使って，書名や著者名で検索することもできます。

図書館の本を読み始めたら，次に，街に出て書店を探してみましょう。規模の大きい書店もあれば小さい書店もあります。古書店などがあるかもしれません。書店を見つけたら実際に店の中に入りましょう。大学図書館と似ているところや違うところはありますか？　どのような本が売られているか，そしてそれらがどのように陳列されているかも確認してみてください。書店では「立ち読み」をあまり歓迎しないところもあります。そのような書店では，気になる本があれば購入して，自宅や大学図書館の閲覧室などで読みましょう。

このように，実際に本が置いてある場所に行ってみると，自分の意図とは関係なくさまざまな本に出会うことができます。ふと視界に入ったり，表紙が気

表5.1　日本十進分類法による分類基準

第1次区分表（類目表）

0	総　記
1	哲　学
2	歴　史
3	社会科学
4	自然科学
5	技　術
6	産　業
7	芸　術
8	言　語
9	文　学

3類（社会科学）の第2次区分表（綱目表）

30	社会科学
31	政　治
32	法　律
33	経　済
34	財　政
35	統　計
36	社　会
37	教　育
38	風俗習慣．民俗学．民族学
39	国防．軍事

（出所）もり・きよし原編，日本図書館協会分類委員会改訂（2014）『日本十進分類法』新訂10版，日本図書館協会，45頁，47頁。

になったりして何気なくその本を手に取ることもあるでしょう。そういう出会いをぜひ楽しみながら，本を開いてみてください。

ところで，書店は街中だけでなく，ウェブ上にもあります。Amazon（https://www.amazon.co.jp）やhonto（https://honto.jp）などさまざまなオンライン書店がありますので，色々と探してみましょう。オンライン書店によって取り扱っている本が少しずつ違いますね。一部のオンライン書店には，自分がこれまでに閲覧したり購入したりした本をもとに，おすすめの本を推薦する機能があります。こうした機能を使って，自分がこれまで知らなかった本に出会うこともあるかもしれません。

なお，最近ではタブレット端末などを使って電子書籍として本を読むこともありますし，音声で読み上げたものを聞くオーディオブックもあります。これらはオンライン書店で購入することができます。紙と電子と音声でまったく違う読書経験が得られますので，機会があればすべて活用してみましょう。

本の読み方

先ほど，本をたくさん読むようにと述べましたが，どのような本を読めばよいでしょうか？　本と言ってもジャンルはさまざまで，文芸，小説，ビジネス，エッセイ，ノンフィクションなど多岐にわたります。しかしまずは，どのようなジャンルでもよいので，何か1冊選んで読んでみることをおすすめします。読書に慣れるまでは，ハードカバーの分厚い本よりも，新書や文庫の方が読みやすいのでそれらの本を選ぶとよいでしょう。

本を読むときは「最初から最後まですべてを読み通す（通読）」あるいは「内容を吟味し丁寧に何度も読む（熟読・精読）」必要があると考えてしまいがちです。だからこそ読書がおっくうになってしまうのですが，無理にそうする必要はありません。流し読みでもよいですし，目次を見て興味のあるところだけさっと目を通すだけでもよいでしょう。その時間すらなければ，しばらくは「積ん読」（本を買うだけで読まずに積み重ねておくことをシャレでこういいます）でしょうか。もちろん，興味が持てる本はぜひ通読・熟読してください。

どのくらいの量の本を読めばよいでしょうか？　とにかく多くの本を読むこと（多読）や，手当たり次第にいろいろな本を読むこと（乱読）をよいことだとする人もいます。とくに外国語（リーディング）の習得には，多読や乱読が効果的だと言われています。一方で，多読・乱読よりも精読の方が重要だとする人もいます。このように絶対的な指標はありませんので，自由に好きなだけ読んでください。

大切なことは，その本を読んで自分が何を感じ何を考えたかです。本を読むことの意義は，先述した通り，読書が自分の頭で考えるきっかけとなることにあります。

2　情報機器を使いこなす

パソコン・タブレット端末・スマホ

みなさんはスマートフォン（スマホ）を持っていると思いますが，パソコンやタブレット端末（iPadなどのように，タッチパネルを使った，板状で持ち運び可能なコンピュータ）は持っているでしょうか？　総務省（2022）の調査によれば，スマホを保有している世帯の割合は2021年に88.6％となっています。すでにスマホは私たちの生活に欠かせないものになっているようです。個人でスマホを保有している割合は，13歳から19歳が80.6％，20歳から29歳は89.8％となっており，中高生を含めほとんどの若者がスマホを保有している現状があります。なお，パソコンの保有率は年々減少しており，2021年は69.8％となっています。タブレット端末の保有率はここ数年横ばいで，2021年は39.4％となっています。

今では，いろいろな用事がスマホ一つで済むように社会が変わりつつあります。多くの人はスマホの操作に慣れていますので，それも当然なのかもしれません。しかし，パソコンが不必要になったかと言えばそうではありません。たとえば長い文章を入力するのは，スマホでフリック入力をするよりもキーボードでタッチタイピングをした方が明らかに速いです。文章の推敲をする際には，スマホの小さい画面よりは，パソコンの大きい画面を使った方が効率的でしょう。電車に乗っているときに論文を読みながら赤ペンチェックをするなら，デジタルペン付きのタブレット端末がちょうどよいかもしれません。

このように，それぞれの情報機器には得意・不得意があるので，うまく使い分けることが大切です。とくにパソコンは，大学生活では必須の情報機器です。第3章の第4節でも述べましたが，もしあなたがスマホしか持っていない場合は，まずパソコンを用意しましょう。

インターネットに接続しよう

情報機器はインターネットに接続することでその威力を発揮します。スマホの場合はたいてい携帯会社と契約をしているので，何もしなくてもインターネットには接続できるはずです。多くの場合，ひと月（または1日）に利用できるデータ通信量には制限があります。データ通信量の上限を抑えて料金を下げたものや，データ通信量の制限がないものなど，携帯会社によってさまざまな料金プランがありますので，自分の利用方法に合った料金プランを契約しましょう。「格安SIM」「格安スマホ」など，より安価に契約できる携帯会社もありますので，色々調べてみるとよいでしょう。

パソコンやタブレット端末は，勝手にインターネットに接続されることはありませんから，自分でインターネットに接続できる環境を準備しなければなりません。以下，自宅で接続する場合と外出先で接続する場合とに分けて説明します。

自宅でインターネットに接続するためには，インターネットサービスプロバイダ（Internet Service Provider，プロバイダやISPなどと省略されます）と契約する必要があります。最近では光ファイバー回線を利用してインターネットに接続する方法が一般的ですが，地域によってはサービス提供エリア外のこともあります。その場合は，ケーブルテレビのインターネット接続サービスや，ホームルータ（自宅に設置する，モバイル回線を使ってインターネット接続ができる機器）などを契約する必要があります。いずれにしても，常時インターネットにつながり，データ通信量の上限がないものを選択しましょう。賃貸物件によっては，最初からインターネット接続環境が用意され，接続費用が家賃に含まれていることもあります。住むところを探す際に，そのような物件を選ぶこともよいと思います。

外出先でインターネットに接続するには，「テザリング」や「モバイルルータ」を利用する方法のほか，「Wi-Fiスポット」から接続する方法などがあります。なお，Wi-Fiは正確に言えば，電波を用いた無線通信によりネットワークを構築する技術（無線LAN）の規格を指す言葉ですが，ここでは「無線によるインターネット接続」とほぼ同義として扱います。

テザリングは，スマホの通信回線を使って，パソコンやタブレット端末をインターネットに接続できるようにする機能です。現在保有しているスマホをそのまま使えますので，出先で急にパソコンをインターネットに接続したいときなどに重宝します。ただ，すべてのスマホでテザリングを使えるわけではありません。オプション契約が必要な場合や，スマホそのものが対応していない場合もありますので，確認が必要です。

モバイルルータは，ポケット型Wi-Fiルータ，モバイルWi-Fiルータなどとも呼ばれます。その名の通り持ち運びが可能な小型の通信端末で，携帯会社の通信回線を利用してインターネットに接続します。タブレット端末とパソコンの両方を同時にインターネットにつなぐなど，複数の情報端末を持ち歩いている場合に便利です。なお，テザリングもモバイルルータもバッテリを消費しますので，モバイルバッテリを用意しておくとよいでしょう。

駅や空港，カフェなどには，たいてい無料でWi-Fiを利用できる場所が設置されています。それらがWi-Fiスポット（公衆無線LANサービス）です。どこからでも気軽にインターネットに接続できるため，多くの人が利用しています。ただ接続するだけで使えるスポットもありますし，メールアドレスなどを登録する必要のあるスポットもあります。なお，偽のWi-Fiスポットを仕掛け，そこに流れるデータから情報を盗み取る手口の犯罪がありますので，素性のわからないWi-Fiスポット（野良AP）には接続しないようにしてください。

作業の効率化・自動化

パソコン・タブレット端末・スマホのソフトを効果的に使うことで，さまざまな作業の効率化や自動化が可能です。いくつか例を見てみましょう。

Microsoft Excelなどの表計算ソフトを使えば，家計簿をつけることができます。計算はソフトが自動でやってくれますし，毎月どのくらいのお金を使っているかをグラフで可視化することも可能です。

ToDo管理ソフトやタスク管理ソフト（Microsoft ToDoやAppleのリマインダーなど）を活用して，やらなくてはならないこと（タスク）をリスト化して管理できます。大学生になると授業の課題がほぼ毎週出ますが，課題の数が多くて管理しきれなかったり，課題によって締め切りが違ったりするなど，頭の中だけで覚えておくには限界があります。その際にこれらのソフトが役に立ちます。さらに，インターネットを使って内容を同期できるものを使えば，パソコンでもスマホでも同じリストを管理できるようになり便利です。

授業のノートを取る際には，Microsoft OneNoteやEvernoteなどのデジタルノートソフトを利用するとよいでしょう。授業で作ったノートをカメラで撮影し，それをソフトに取り込んでおきます。OCR機能（手書きや印刷された文字を認識して自動で文字化する機能）を利用したり重要なキーワードを追加したりすれば，過去のノートを検索出来るようになります。タブレット端末とデジタルペンを活用すれば，授業のノートをソフトに直接作成することもできます。科目別にノートを整理しておきましょう。自分の提出した課題やレポートのコピーも保存しておきましょう。卒業時にそれらの記録は，大学時代の学びの集大成（ポートフォリオ）となっているはずです。

大学からの情報を受け取ろう

小・中・高校までと異なり，大学では自分の責任で情報を得なければなりません。大学から日々さまざまな情報が発信されますので，常にそれらの情報に注意しておく必要があります。重要な情報を見落としたり大切な連絡に気づかなかったりして，何らかの不利益を受けたとしても，それは自己責任なのです。筆者も学生の頃，大学からの非常に重要な連絡を見落としてしまったために，ある国家資格の取得ができなかったという苦い経験があります。

大学からの情報はさまざまな形で発信されています。最近では電子メールで発信されることも多くあります。大学に入学すると，「ユーザID@大学のドメイン名」という形式で大学のメールアドレスが発行されます。これからの大学生活においてメインで利用するメールアドレスですので，普段から使えるように設定しましょう。大学からの連絡や授業の連絡など，さまざまな連絡がこのメールアドレスに届くはずです。できれば毎日，少なくとも週に２，３回はメールチェックをして，情報の見落としがないようにしましょう。

大学からの情報は電子メールだけではなく，ポータルサイトをはじめとする大学のウェブサイト，大学の教室の近くに設置された掲示板などでも発信されています。場合によっては，掲示板だけで発信されている情報もあります。以前は大学に行って掲示板を確認するだけでよかったのですが，大学の情報発信の媒体が多様化していますので，どこで情報を得ることができるかをしっかり確認し，情報の受け取り漏れがないように気をつけましょう。

なお，困ったことやわからないことがあれば，教員や事務職員にメールで尋ねることがあると思います。メールを送ることそのものは問題ないのですが，メールを送信する際に，スマホやLINEのメッセージの感覚で，本文だけのメールを送る学生がいます。これはやってはいけません。以下に示すマナーを守ってメールを送ってください。このマナーは，社会に出た後でも通用するメールのマナーです。普段から使えるようにしておきましょう。

数日経っても返事がない場合は，メールアドレスが間違っていて相手に届いていないか，相手がメールを見落としている可能性がありますので，もう一度メールを送ってください。その時には，「何月何日に以下のようなメールを送りましたが，お返事がありませんでした。もしかしたら届いていないかもしれないと思い，再度メールをお送りします」などと一言添えてから送ると良いでしょう。

〈メール送信のマナー〉

(1) 件名は空白にせず，相手にこのメールの内容が伝わるように端的に書いてください。

(2) はじめに，相手の名前を書きます。教員であれば「○○先生」，事務職員であれば「○○さん」「○○担当者のみなさん」などとするとよいでしょう。間違ってメールを送らないようにする，あるいは，間違った場合にすぐわかるようにするためです。

(3) つぎに自分の氏名を書きます。学部，学科，学籍番号，氏名を明記し，授業に関係する場合はどの授業を履修しているかなどの情報も記入します。

(4) その後に本文を書きます。最初にメールの用件を簡潔にまとめてから本文を書くようにすると，読んでいる側もわかりやすくなります。

(5) メールソフトで署名を作成しておきましょう。署名は設定しておけばメールを送信する度に自動で付与されるものです。大学，学部，学科，学籍番号，氏名などを記載しておくとよいでしょう。

3 情報を使いこなす

情報検索のコツ

ウェブ上で情報を検索する際には，Google（https://www.google.co.jp），Yahoo!（https://www.yahoo.co.jp），Bing（https://www.bing.com）などの検索サイト（検索エンジン）を活用します。ブラウザのアドレスバー（URLが表示される欄）に検索語を入力しても，自動的に設定された検索サイトを使った検索結果を表示してくれます。今や，ウェブ上に情報があるのは当たり前で，その情報をどのように検索できるか，目的の情報にどうたどり着くか，が重要になっています。

日々検索を行っている方は実感していると思いますが，検索するときの言葉（検索語句）の選び方によって，検索の結果が変わってきます。そのため，検索時には適切な検索語を選択する必要があります。また，検索サイトによって多少変わりますが，検索時に使える多様なオプションもあります。以下では，Google（2022b）を参考に，情報検索時に利用できるヒントを紹介します。

情報を検索するときはまず，シンプルな検索から始めます。思いついた言葉で検索してみましょう。必要に応じて，より具体的な言葉を追加していきます。追加の検索語句をスペースで区切って入力することで，AND検索（入力された検索語句のすべてを含んだ検索）が可能です。地域を絞り込みたい場合は，たとえば「大学　札幌」など，検索の際にその地名も追加するとよいでしょう。

検索語句は，探しているウェブサイトで利用されていそうなものを選ぶとよいでしょう。たとえば医療関係のウェブサイトでは「頭が痛い」よりは「頭痛」という言葉を利用していると考えられます。また，検索する言葉と似たような意味の別の言葉を探して，そちらでも検索してみるとよいでしょう。似たような言葉を見つけるには，類語辞典（シソーラス）を活用するのも一つの手段です。

Googleをはじめ多くの検索サイトでは，英語のスペルが多少間違っていても，自動的に正しいスペルで検索されます。また，大文字と小文字の区別もとくにありませんので，細かいことは気にせず検索してみましょう。

これ以外にも便利な機能があり，検索内容によっては知りたい情報が検索結果のページに直接表示されます。たとえば，知りたい言葉の後に「とは」と入力すると，その言葉の定義が表示されたり，有名人や場所，映画，曲などの名前を入力すると，そのプロフィールや概要が表示されたりします。

自動で計算する機能もあります。「3+5」「3*20」「20/5」などの数式を入力すればその答えが表示されます。数式はすべて半角で入力します。「×」「÷」という記号は半角では入力できないため，代わりに「*」（半角アスタリスク，乗算）「/」（半角スラッシュ，除算）を使います。

便利な検索方法

検索の精度を高めるために利用できるものとして「検索演算子」があります。検索語句の前後にスペースなしで記号や単語を入力します。以下，Googleヘルプセンター（2022a）を参考に，活用頻度がより高い演算子をいくつか紹介します。

検索結果からその語句を除外するためには，その語句の前に「-」（半角ハイフン）をつけます（マイナス検索）。たとえば「吹奏楽　北海道　-札幌」とあれば，北海道の札幌以外の吹奏楽に関するサイトが検索結果として表示されます。

検索語句と完全に一致するものを検索したい場合は，単語や語句を「"」（半角ダブルクォーテーションマーク）で囲みます（完全一致検索，フレーズ検索）。たとえば「"完全一致を検索する"」と「完全一致を検索する」の検索結果を比べてみてください。日本語でも利用できますが，複数の英単語または英語のフレーズを使って検索するときなどに威力を発揮します。

あるウェブサイト内に限定して検索を行いたい場合は，サイトのURLまたはドメイン名の前に「site:」（siteの文字と半角コロン）を付けます。たとえば，政府機関に関係するウェブサイト内で検索を行いたい場合は「site:go.jp」となります。ドメイン名は，どこの誰が情報発信しているかを見極める際に必要な情報になりますので，しっかり確認しておいてください。詳細は後述します。

ところでGoogleには，検索演算子以外にもいくつかの検索オプションが用意されています。検索後に表示された検索ボックスの下を見ると，画像，動画，ニュースなどが用意されています（見つからない場合は「もっと見る」の中にあります）。これをクリックすると，検索語句に関連する画像，動画，ニュースを検索することができます。その横にある「ツール」を選択すると，検索結果をフィルタすることができます。たとえば「期間指定なし」の欄をクリックすると，日付によるフィルタができます。「1時間以内」「24時間以内」「1年以内」など，ウェブサイトが更新された日付をもとにして検索結果をGoogleが自動でフィルタリングしてくれます。これらの機能を上手く使いながら，必要なウェブサイトを検索してください。

情報を見極める

検索サイトで検索した結果はどのように確認していますか？　1番目から3番目くらいまでに表示されたウェブサイトを見るだけ，ということが多いのではないでしょうか。しかし，上位に表示されたウェブサイトが必ずしも「求めるウェブサイト」であるとは限りません。現在，上位に表示されることの多いのは，検索サイトに広告料金を支払ったり，検索サイトの仕組みをうまく利用してより上位に表示されるように設計（SEO対策）されたりしたウェブサイトの場合が多いです。とくに後者のウェブサイトにはアフィリエイト（記事内の広告をクリックさせて収入を得ること）目的で作られたものが多く，内容に信憑性がないことも多いですから，そのウェブサイトの情報の質をきちんと見極める必要があります。

ウェブ上の情報を見極めるためのポイントはいくつかありますが，誰が言っているか，出典はあるか，いつ発信されたか，などを確認しましょう。

誰が言っているかについてですが，公的機関が発信した情報は，匿名で発信された情報に比べると信頼性が高いと考えられます。多くの専門家によって合意された情報が，正式な形で出されているためです。たまに，ウェブサイトのなりすましもあり得ますので，URLをチェックしてドメイン名を確認しましょう。ドメイン名はネット上の住所のようなもので，勝手につけることはできません。たとえば，日本の政府機関のURLは必ずgo.jpで終わります。文部科学省のウェブサイトは「https://www.mext.go.jp」となります。最近は公的機関のSNSアカウントもありますが，公式のウェブサイトからリンクされているアカウントかどうかを確認しましょう。

その情報の出典（出所）がどこかという点も判断の材料になります。論文や辞典や本など，どこから得られた情報か，が書かれているかを確認してください。そしてできれば，出典そのものを確認しましょう。たとえば「文部科学省が○○と言っていたらしい」という伝聞情報（二次情報）よりも，文部科学省のウェブサイトに直接書いてある情報（一次情報）のほうが確実です。二次情報では出典の捏造が行われていることもありますので，一次情報を確認する習慣をつけましょう。

その他，ウェブ上には何年も更新されていないウェブサイトもありますので，情報が古くなっていることもあります。サイトを閲覧する際には，その情報がいつ掲載されたかを確認するようにします。掲載日時のない情報は普段から信頼しないという心構えも大切です。

情報を集める際には，いろいろな視点から情報を集めるようにしましょう。とくにSNSで情報収集する場合，自身が興味を持ってフォローしているアカウントからの情報が多くなります。そうすると，フォローしていない，つまり，自分は興味がないアカウントからの情報は入りづらくなり，結果として，収集する情報が偏ることになります（エコーチェンバー現象）。

情報発信時の注意点

情報を見極める必要があるのは，誰でも簡単に情報発信ができてしまうためです。ブログ，SNS，動画共有サイトなど，利用者が情報を発信しながらつながりを形成していくメディアをソーシャルメディアと言いますが，これらは手軽な情報収集・発信のツールです。手軽だからこそ，情報発信の際には，いろいろと注意をする必要があります。

ソーシャルメディアを利用していると，自分の仲間うちだけの，内輪の閉じた空間にいるような印象を持つことがあります。普段つながっている人は自分の仲間が多いので，そのように感じてしまうことが多いのですが，その感覚でついつい，他者の悪口を投稿したり，アルバイト先の冷蔵庫に入るなどのふざけた画像を撮影して投稿したり（バイトテロ）してしまう人がいます。そうした投稿がネット上で拡散して「炎上」し，その結果身元が特定されて家族が晒されたり，通っている大学に批判の電話がかかってきたりするなどの事例が後を絶ちません。

一度ネット上で炎上すると，その騒動はまとめサイト（キュレーションサイト）に収集されるなどし，その記録は永続的に残り続けます。これを「デジタルタトゥー」と言います。10年後，20年後も自身の名前が，不名誉な形でネット上に残り続けるのです。

また，自分の名前を出さないで，誹謗中傷や攻撃的な投稿をする人もいます。自分を隠して相手を傷つけることはとても卑怯な行為で，とうてい許されるものではありません。誰が投稿したかがわかった場合，損害賠償を請求されることがあります。誹謗中傷やフェイクニュースを拡散すると，たとえ軽い気持ちでリツイートしただけであっても，名誉毀損罪などの罪に問われることもあります。このようにネット上で情報発信を行うときは，細心の注意を払う必要があります。

引用文献

Googleヘルプセンター（2022a）「ウェブ検索の精度を高める」https://support.google.com/websearch/answer/2466433（最終アクセス日：2022年12月21日）。

Googleヘルプセンター（2022b）「Googleでの検索のコツ」https://support.google.com/websearch/answer/134479（最終アクセス日：2022年12月21日）。

全国大学生活協同組合連合会（2022）「第57回学生生活実態調査　概要報告」https://www.univcoop.or.jp/press/life/report.html（最終アクセス日：2022年12月21日）。

総務省（2022）「令和３年　通信利用動向調査」https://www.soumu.go.jp/johotsusin

tokei/statistics/statistics05b1.html（最終アクセス日：2022年12月21日）。
もり・きよし原編，日本図書館協会分類委員会改訂（2014）『日本十進分類法』新訂10版，日本図書館協会。

第6章 大学生活で困ったら？
——身近なトラブルや悩みごととサポート体制

大学生活においては，さまざまな経験をすることができます。新しいことを知る中で，大きく心を動かされることもあるでしょう。悩むこともあるでしょう。本章では，大学生活におけるさまざまな悩みとその対応方法について紹介します。

1 大学生は悩む時期

青年期を生きる

青年期と聞くと，何歳くらいを思い浮かべるでしょうか？　正確な定義があるわけではありませんが，心身が大きく成長する10代前半頃から社会に出ていくころあたりが青年期と言われています。いつからいつと明確に区切られているわけではないですが，多くの人にとって，大学生の時期は青年期と言えるでしょう。

この青年期は，心身ともに成長する時期でもありますし，生活していく環境が大きく変化する時期でもあります。そうした変化を楽しく感じる人もいれば，苦手だと感じる人もいることでしょう。楽しく感じたらよいということではなく，楽しくても不安であっても，変化があるということは，ストレスを感じるものです。さまざまなストレスを抱えながらも自分はどのような人間で，今後どのように生きていきたいのか，という大きな問いの答えを探していく時期が青年期です。大学生活を送る中で，いろいろと悩みながら答えを探していきましょう。悩むことが当たり前の時期です。

多様性を認め合う時代を生きる

「多様性」「ダイバーシティ」という言葉がよく聞かれるようになりました。「いろいろな人がいてよい」ということは，さまざまな価値観を認め合うと同時に自分らしさについても考えていくことが必要となります。

大学内外での学びを深めることによって，自分の考え方が変わることもあるでしょう。大学では，年齢や出身地域が異なる人との出会いがあったり，学外の人とのかかわりが増えることなどから，自分とは異なる価値観に触れる機会が多くなります。海外に行き，異なる文化で学んだ体験から，国際的な仕事に関心をもつようになったという人もいれば，日本の文化をより深く知りたくなったという人もいます。このように，将来に結びつく契機となるような，大学生ならではの貴重な出会いが多くあります。

多様な価値観がある中で，自分はどのような選択をしていくのかを考えていくことは簡単なことではありませんが，大学生活における多くの出会いや経験を通じて，自分らしさを見つけていきましょう。

2　学業についての悩み

不本意な入学だった

第一志望の大学があったけれど，さまざまな理由で進学することができず，希望しない大学に通うことになった人もいるでしょう。大学に通う意味を見出すことが難しいと，大学での学びにも影響します。「第一志望の大学に行っていたら，もっと楽しかったはずなのに」「こんなことをやるはずではなかったのに」と考えてばかりいると，大学での学びが余計辛くなってしまいます。

そんな時には，次の３つの選択肢があります。１つ目は，第一志望の大学に再度チャレンジしたり，自分が本当にやりたいことを見つけること，２つ目は，今の大学のよいところを見つけること，そして３つ目は，大学とは別のところでの楽しみを見つけることです。他にも選択肢はあるかもしれませんが，どれか１つを選ぶのではなく，複数同時に進めることも可能です。第一志望であった大学に編入できるよう，今の大学でよい成績を修めようと熱心に学ぶうちに，今の大学での学びが面白くなり，編入試験を受けずに卒業したという人は少なくありません。

どの選択肢を選ぶとしても，１人で悩むのではなく，周りの人に相談してみましょう。通学している大学の教員に悩んでいる状況を率直に伝えたり，大学の相談室などを活用することも１つの方法です。

〈事例１〉

大学１年生のＡさんは，第一志望の大学が不合格であったため，それほど関心がなかった大学に入学しました。そのため，自ら学びたいという気持ちになれず，ただ大学に通う日々が続きました。ある日，ある授業担当の教員と話す機会があり，「これから何を学びたいのか」と聞かれました。Ａさんは，本当は別の大学に入学したかったこと，今は何を学びたいのかわからないことを正直に伝えました。いろいろと話していくうちに，授業の中でも関心のある授業はあるので，今すぐにやめたいとは思えないことや，サークル活動は楽しいので，今後も続けたいと思っている自分の気持ちに気づき，前よりも現状を肯定的に考えることができるようになりました。

事例のＡさんのように，誰かに話をしていくうちに，自分の考えが整理されて，新たな気持ちに気づくことがあります。本章の第１節で述べたように，悩むことは当たり前のことですので，そうした悩みもよい経験として，自分らしく大学生活を送っていける方法を考えていきましょう。

第一志望だったのに

第一志望の大学に合格し，楽しみにしていた大学生活が始まったのに，期待していたものとは違ったという場合もあるでしょう。もっと専門的な学びができると思っていたのに，基礎的な話ばかりでつまらないとか，サークル活動を楽しみにしていたのに，サークル内の人間関係の問題で楽しめないという話をよく聞きます。楽しみにしていた分，よりショックを感じてしまうことで，学業に対する意欲が減退してしまうことは残念なことです。

そんな時には，もう一度，自分が大学生活でやりたいことは何かを考えてみましょう。

〈事例2〉

大学1年生のBさんは，第一志望の大学に合格して入学したものの，自分が思い描いていた生活とは異なっていたので，大学生活を楽しめていませんでした。授業も興味をもてる科目がなかったのですが，これまでまったく関心がなかった環境問題にかかわる授業を受けたことをきっかけに，ボランティア活動を始めました。すると，ボランティア先でさまざまな人との出会いや体験を重ねることで，ものの見方が変わると同時に，卒業後の進路に対する考え方が変わりました。

期待していた大学生活とは異なったとしても，事例2のBさんのように，新しい目標が生まれるかもしれません。自分が考えていることを人に話すことで，自分のやりたい道が見えてくる場合もあります。むしろ，自分を見つめ直す機会を持つことは，当初の予定通りに大学生活を送るよりも，より自分自身について知る時間が増えたと言えます。

授業が難しい

高校までの授業スタイルと異なることで，授業についていけなかったり，授業内容が理解しづらく難しい，という場合があります。単位が認定されないかもしれない，という不安を抱えながら授業を受け続けると，積極的に履修するという姿勢にはなかなかなれません。

こうしたときに，思い切ってその授業の単位修得をやめる，と決断することは1つの方法です。大学では必修科目は別として，自由に科目を選べますから，単位を修得することも，しないことも，自分で決めてよいのです。

単位を修得したい場合は，理解できなかったところを担当教員に尋ねてみましょう。「できない学生と思われるのではないか」などと心配したり，質問することが苦手だという人もいます。

〈事例３〉
大学２年生のＣさんは，所属している学科とは別の学科の専門科目に興味を持ち，授業を受けることにしました。初回は面白いと思ったのですが，だんだん専門的な内容になってくると，Ｃさんが理解することは難しくなり，レポート課題に取りかかることが苦痛になってきました。このままではよくないと思い，単位修得を諦めようと考えて担当教員に伝えたところ，授業がＣさんの学科の科目ではないので，Ｃさんの理解度や関心に合った課題を出してもらえることになりました。授業すべてが難しくて理解できないというわけではなかったため，Ｃさんは継続して履修することにしました。

事例３のＣさんは直接教員に困っていることを伝えることで，課題に取り組みやすくなりました。このように，学生からの質問は歓迎される場合が多いですが，授業担当教員に直接質問することが難しい場合には，大学には学生が学生をサポートするピアサポートのシステムを取り入れているところが多くありますので，それを利用してみるという方法もあります。誰に相談したらよいかわからない場合には，大学の事務に相談したり，所属する学科の教員に相談してみるとよいでしょう。

３　対人関係での悩み

友人や恋愛の悩み

大学生から寄せられる悩みごとの中で，対人関係にかかわる悩みは多くの割合を占めています。「大学生になったら友達と出かけたり，友達と楽しく過ごせると思っていたのに，実際は違った」という相談や「友達とうまく付き合えない」という相談は多くあります。

人が成長する過程で，友達との付き合い方や友達が果たす役割は変化していきます。広く浅く付き合っていた関係から，深く付き合っていくような関係へと変わっていくと言われています。ただ，個人差がありますので，広く浅い関係の方が自分に合うという人もいますし，「大学生の友人関係はこうあるべき」と考えるのではなく，自分に合った友人関係を築いていきましょう。「友人とは何でも分かり合えなければいけない」と考えて悩む人もいますが，果たしてそうでしょうか。友人との付き合い方にも，その人らしさがあってよいと考えられます。

〈事例４〉

大学３年生のＤさんは，１年生の時に知り合い，仲良く過ごしている友人が２人います。２人とも就職活動に向けての状況を細かく報告するなど，頻繁に連絡をくれます。Ｄさんは進路について色々と悩んではいるのですが，自分でゆっくり考えていきたいので，就職活動の状況については，ときどき報告する程度にしたいと考えています。ですが，友人たちからＤさんの状況はどうなのか細かく聞かれて困っていました。

Ｄさんは友人のことは好きだけれど，自分の時間も欲しいと考えているのに対し，友人は２人とも常に一緒にいたいというタイプのようです。Ｄさんはその後，就職活動が忙しくて大変なので連絡回数を減らしたいと友人２人に伝え，理解してもらうことができたため，自分のペースで就職活動を進めていくことができました。

また，大学生になると，恋愛に関する悩みも増えてくることでしょう。恋愛に対して興味ないことが悩みだという人もいるでしょうが，それはおかしいことではありません。恋愛についての関心も人によって異なります。日常生活の大部分を恋愛が占める人もいれば，他のことを優先したいという人，全く関心のない人など，それぞれです。正しい恋愛というものがあるわけではないので，自分らしく過ごせているのか，自分自身に問いかけてみましょう。パートナーから暴力を振るわれるなど一方的な関係は対等ではありませんし，自分らしく過ごせているとは言い難いため，見直してみることが必要です。

家族関係

家族関係の悩みを抱えている人も少なくありません。親との関係が悪化しているという場合もあれば，子どもが成人したことに合わせて家庭環境が変化する（両親が離婚するなど）こともあります。成人していたとしても，親の子どもであることには変わりありませんから，家庭環境が変化することは大きなストレスとなり得ます。

家族と同居している場合は，祖父母などの介護や幼いきょうだいの世話をしなければならないという人がいます。

〈事例５〉

大学３年生のＥさんは，小学生のころから祖母と２人で暮らしています。祖母が親代わりになってＥさんの学校生活を支えてくれていました。ですが，最近，Ｅさんが手伝わないと食事の準備ができなかったり，買い物に行ったはずが，何も買わないで帰ってきたりすることが増えてきました。認知症ではないかと心配しながらも，Ｅさんは誰にも相談できずに，祖母を支えながら毎日を過ごしてきましたが，就職活動を控えて，自分が家を出たら祖母はどうなるのか心配になってきました。

事例５のＥさんは，どこに相談したらよいのかわからずにいたのですが，用事があって市役所に行った際に祖母のことを相談してみたところ，近くの地域包括支援センターを紹介してもらい，祖母を支援につなぐことができました。

さらに，これまで疎遠だった母方の叔父が協力してくれるようになり、祖母がグループホームに入所できることがわかったため，安心して就職活動を進めることができるようになりました。

家族のことだから自分で解決しなければと思わず，信頼できる人に相談してみましょう。家族関係の悩みは経済的な心配も含まれます。日本では，大学の学費や生活費は保護者が負担することが多いため，家族関係の問題が生じると，学費の心配をする人が多くいます。学費については，家庭の状況によってさまざまな支援を受けられる可能性があるため，大学の窓口に相談しましょう。

教員との関係

ゼミなど少人数の授業では，教員との関わりが深くなります。ゼミの進め方は，その大学や専門分野によって異なりますが，多くの授業の中で，最も教員との距離が近い授業といえるでしょう。一方的に聞いていたらよい授業とは異なり，自分の意見を発表する機会も多くありますし，教員と話す機会も多くあります。授業時間という枠を超えて，学外に調査に出かけることもあります。そうした機会が増えると，双方の関係がより近くなっていきます。

ゼミの教員と話す際には，研究についてだけでなく，将来のことなども親身になって助言してもらえる場合が多いですが，教員との関係で悩む人もいます。

〈事例６〉

ＦさんはゼミのＧ教授がすすめた研究に取り組み，指示されたことは必ず守っていたので，Ｇ教授から高く評価されていました。ある日，ＦさんがＧ教授に「私は本当は○○について研究したいです」と伝えたところ，Ｇ教授は何も言いませんでした。研究に必要な機材を大学から借りる際には，教授のサインが必要ですが，サインもしてくれません。Ｆさんは研究を始められず困ってしまいました。

事例６のような時，どのような可能性があるでしょうか。Ｇ教授はＦさんが研究したい内容には問題があると考え，それをＦさん自身に考えてもらおうと敢えて何も言わず見守っているのかもしれません。その場合は，Ｇ教授にＦさんの希望する研究内容にどのような問題があるのか尋ねてみるとよいでしょう。

そうではなく，G教授は自分の思い通りにＦさんを動かしたいために，Ｆさんを無視して，サインを拒否しているのであれば，それは適切な指導とは言えません。そのほか，正当な理由がないのに「単位をあげられない」と言われたり，脅されたりするような場合には，学内にあるハラスメント相談窓口に相談しましょう。どこで誰に相談したらよいのかわからないという場合には，大学の事務に問い合わせると教えてもらえます。

アルバイト先などとの関係

大学生になると，アルバイトをする人が増えてきます。お小遣いのため，社会経験のためなどその理由はさまざまです。学費を払うためにアルバイトをしている人や，生活費のためにアルバイトをしている人も少なくありません。自分自身のためになり，学業と両立できているのであれば問題ないですが，アルバイト先とのトラブルがある場合，どのように解決していったらよいでしょうか。

〈事例７〉

大学３年生のＨさんは，１年生の時からとある焼肉屋さんでアルバイトをしています。スタッフが次々と退職し，今は店長の他はＨさんをはじめとする学生アルバイトしかいません。学生アルバイトの中でＨさんは最も長く働いていて仕事の内容もわかっているため，店長はＨさんに毎日勤務するように言います。授業があると伝えていますが，「他に頼める人がいない」と言われると，断ることができません。

事例７のＨさんのように，「他に人がいないから」という理由で出勤するよう求められ，授業を休み続けた結果，単位を落としてしまった人もいます。１つ単位を落とすくらいなら問題なくても，多くの単位を落として進級できなくなってしまうのであれば，留年することで余計に学費がかかりますし，何のためにアルバイトをしているのか考え直す必要がありそうです。

「やめたくても，やめることができない」という相談は多くあります。脅されているというよりは，「あなたがいなくなったら困る」と言われてやめづらいと話す人が大半です。大学よりもその職場で働きたいと思えるなら別ですが，「やめたい」と思ったら，毅然とした態度で伝えましょう。伝え方がわからない時や，うまくやめることができない時には，1人で抱え込まず，周りに相談しましょう。

アルバイトは続けたいけれど，アルバイト先での不適切な言動に悩む人もいるようです。仕事そのものは楽しいけれど，異性の店長から不必要に体を触られるために，アルバイトをやめようか迷っているという人がいました。こうした場合，あいまいな態度をとっていると，問題ないと誤解されてしまう可能性があります。チェーン店であれば，本社から注意してもらうという方法がありますし，近くにある労働局や労働基準監督署などにある総合労働相談コーナーや学内の学生相談室で相談することもできます。

4　自分自身についての悩み

自分の性格について

青年期は自分とは何かという自分のアイデンティティを確立する時期と言われています。自分とは何かを考えることは，時に苦しみがともないます。自分の性格が嫌だ，本当はもっとこうなりたいのにできない，と悩む人もいるでしょう。内閣府（2019）の調査によると，日本の若者は，諸外国の若者と比較して，「自分自身に満足している」「自分に長所がある」と感じている人の割合が非常に低いという結果が示されました。これは謙遜を美徳とする日本の文化が影響しているのかもしれませんが，短所はたくさんあるけれど，長所は思い浮かばない，という声をよく聞きます。

リフレーミングという言葉を聞いたことがあるでしょうか？　ものごとを別の視点から捉え直すことをいいますが，短所は別の視点から捉えると，長所になります。「飽きっぽい」ということは，「多くのことに興味をもてる」と言い換えられますし,「自分から人に話しかけることが苦手」ということは,「聞き上手」とも言えるでしょう。逆を言えば,長所も短所になります。これまで自分がもっている枠組み（フレーム）を別の角度から見てみると,自分自身の捉え方が変わってくるかもしれません。

自分の性格について考えていく際,エゴグラムという心理テストを使ってみることもよいでしょう。これは病院などで使われているものから,ウェブ上で公開されているものまであります。エゴグラムは,人の行動を５つに分類して,性格傾向を知るものです。得点が高ければよいというものではなく,どのような結果になっても,よくも悪くもとらえることができることがこのテストの良いところです。

〈事例８〉

大学３年生のＩさんは,友達との関係で悩んでいました。その時,授業でエゴグラムを学んだので,実際に試してみたついでに,友達についてもどのような性格傾向なのか試してみました。すると,「ものごとを論理的に見る力が高い」ということがわかりました。いつも冷たいように感じていて,自分が嫌われているのではないかと心配していましたが,友達にはそういう性格傾向があるのだと考えたら,悩むことが少なくなりました。

事例８のＩさんのように,自分の性格だけでなく,他の人の性格を考えることで,うまく付き合えるようになることもあります。心理テストは他にもありますが,その結果を自分の状況に合わせて,自分自身の捉え方や対人関係に活用していきましょう。

発達障害は悪いこと？

近年では「発達障害」という言葉が広く知られるようになってきました。発達障害とは生まれつきみられる脳の機能的な問題によって,子どものころから行動面や情緒面に特徴がみられる状態のことです。発達障害の分類として

「ASD（自閉スペクトラム症）」や「ADHD（注意欠如・多動症）」という言葉もよく聞かれるようになり，学生から「私はASDの特徴に当てはまるので，ASDだと思います」「子どもの頃，ADHDと診断されました」などと言われることも増えてきました。

発達障害は怪我のように見た目でわかるものではなく，誤解されやすいことが大きな課題だと考えられます。たとえば，ASDの特性の一つである音への過敏さがある人がいます。それほど大きな音でなくても，苦痛に感じたり，目の前の課題に集中できなくなってしまったりします。そんな時に，「音が苦手なので，課題に取り組めません」と伝えても，「みんな我慢しているのだから，それくらい我慢するように」と理解してもらえなかったり，「課題から逃げる言い訳にしている」と誤解されてしまうのです。

また，冗談がわからないなど，人の気持ちを読み取りにくいこともASDの特徴です。そのために，人とのかかわりが苦痛だという人も多くいます。ただ，ASDといっても，人によってその特性はさまざまです。ASDという診断を受けている人が全員同じことで困っているわけではありません。同じ特性をもっていたとしても，その人の過ごす環境によっては，何も問題ないという人がいれば，苦痛しか感じないという人までいます。つまり，環境によって生きやすくも生きづらくもなるのです。これは発達障害だけに言えることではなく，どの人にとっても，環境によって生きやすくも生きづらくもなると言えます。

〈事例9〉

大学2年生のJさんは，1つのことを続けることは得意ですが，同時に複数のことをこなすことはとても苦手です。一週間にいくつかある授業では，それぞれ課題が出され，それらをこなしていくことはJさんにとって非常に難しいものでした。大学にある，学修上かかえる困難についてサポートを受けられるアクセシビリティ支援室と相談しながら，なんとか課題を提出する日々を過ごし，サークル活動もうまくいかなくてやめてしまったため，Jさんは，「自分にはよいところがない」と思い込んでいました。

ところが，ある工場でのアルバイトを始めると，他の人たちが集中して続けることができない細かい作業をＪさんは黙々と続けることができます。しかも，とても丁寧なので，いつも褒められるようになり，Ｊさんの自信となっていきました。

事例のＪさんのように，ある場面では得意なことが活かせなかったとしても，異なる環境においては，それを活かせる場があると考えられます。病院で診断を受けたから発達障害，診断を受けてないから発達障害ではない，というように白黒つけられるものではありません。発達障害の診断名があってもなくても，自分にはどのような特性があって，どのような環境であると過ごしやすいのかを考えてみるとよいでしょう。

また，ADHDは，不注意，多動性，そして衝動性という特徴があります。それは人によってさまざまで，育て方が悪いとか，本人に非があるものではありません。ですが，「片付けられない」「遅刻ばかり」というようなことが続くと，本人に問題があるように誤解され，時に厳しく叱られてしまうことがあります。小さいころからそれが続くとどうなるでしょうか。家庭でも学校でも同じように叱られ続けてしまうと，「自分はダメな人間だ」と自己肯定感が低くなってしまいます。そうなると，登校することがつらくなったり，さまざまな心の病気になってしまうこともあります。

自分の苦手なことに対しては，うまく付き合っていく方法を見つけ，自分のよいところを活かしていくようにしていきましょう。１人で見つけることはなかなか難しいので，専門家に手伝ってもらいながら，自分の得意なところを探すとよいでしょう。発達障害と診断されたり，発達障害の特性をもつことは，悪いことでは決してありません。発達障害の特性をもちながら，得意なことを活かして社会で活躍している人は数多くいます。

5　よりよい学生生活を支えるサポートとは

自立と援助を受けること

大学生になったら，自立すべきだと考える人は多いと考えられます。18歳から成人ですし，高校を卒業したら，自分の力で行動することができると考えている人が多いでしょう。ただ，経済的な自立という意味では，大学生は難しいかもしれません。自立という言葉には，さまざまな意味が含まれていると考えられますが，本章においては，心理的な自立について考えていきます。山田（2011）は，若者の心理的な自立について「自分の感情や考え，行動に関して，自ら主体的に管理・決定することと，かつ，それらに関して責任をもつこと」と定義しています。

それでは，自分1人ではできないことがある場合，自立していると言えないのでしょうか？　たとえば，授業内容がわからない時に，友達や担当教員に質問する場合はどうでしょうか。授業内容がわからないことを自覚し，自ら質問するということは，主体的に解決していると言えます。

つまり，自分にできないことがあり，誰かに教えてもらったり，手伝ってもらったりする場合も，それを自分が決定しているのであれば，自立していると考えられます。逆をいえば，授業でわからないことがあったときに，人に聞くのは申し訳ないからとそのままわからないままにすることは自立した行動とは言えないでしょう。

〈事例10〉

大学1年生のKさんは，入学した大学が実家から遠かったため，一人暮らしをはじめました。サークル活動の他，アルバイトも始め，充実した毎日を過ごすことができていました。てきぱきと作業をこなすことができるKさんは，周りから頼られる存在になっていきました。しかし，サークル活動やアルバイトで疲れてしまい，ある授業におけるグループで作成するレポートの準備がまったくできないままでした。サークルの仲間は，そんなＫさんを見て，サークルでの仕事の分担を減らそうかと提案しましたが，Ｋさんは人に甘えたら自立した人と見られないと考え，サークルの仕事を引き続き引き受けようとしました。

事例10のＫさんは，大学のレポートの準備ができず，グループの仲間に迷惑をかけていそうです。サークルの仕事量を減らすことは甘えではありません。自分の状況を人に伝えて，手伝ってもらうことは，主体的な行動です。自立することと援助を受けることはまったく正反対な言葉に聞こえるかもしれません。ですが，援助を受けないことが自立ではありません。適切な援助を受けられるように主体的に動くことができることが自立と言えます。

自立についての認識が誤っていると，適切な援助を受けられなくなってしまいます。Ｋさんが，サークル活動やアルバイトの活動で自分が疲れていることを自覚し，グループのレポート準備をするためにはどうしたらよいか主体的に考えることができると，適切なサポートを受けることができるようになるでしょう。

相談できる場所

身体の不調で何科を受診したらよいのか迷った経験はないでしょうか？　大学生活において困ったことがあっても，どこに相談したらよいのかわからない，どう話したら良いのかわからない，という声をよく聞きます。もしかしたら，自分が何に困っているかがわからないということもあるでしょう。このような場合は，大学の総合窓口や学生相談室で相談してみましょう。自分の相談内容がわかっていなくても大丈夫です。困っていることを伝えることが重要です。学生相談室では，さまざまな困りごとについて専門のカウンセラーに相談することができます。大学の総合窓口や学生相談室で対応することが難しい場合であっても，適切な相談先を紹介してもらえるでしょう。

〈事例11〉
大学１年生のＬさんは，授業のレポートを期限内に提出できるように努力してもいつも期限を過ぎてしまったり，提出することを忘れてしまうことが多くありました。授業内容は理解できているのですが，レポートを期限内に提出していないことが多いため，いくつかの単位を落としてしまいそうです。
留年したらどうなるのか心配になり，気分が落ち込んで大学に行くことも難しい日が増えてきました。病院で薬を処方してもらい，何とか授業には出席できるようになりましたが，大学の総合窓口で留年について相談したところ，アクセシビリティ支援室を紹介されました。

事例11のＬさんのように，努力しても単位を落としてしまう心配があったり，さまざまな不調から大学に通うことが難しくなるような場合，アクセシビリティ支援室に相談してみるとよいでしょう。その人に応じた合理的な支援を受けられます。Ｌさんは留年の心配をしたために総合窓口で相談した結果，アクセシビリティ支援室を紹介されました。このように，自分に必要なサポートが何かが自分でわからないことはよくあることです。最初から適切な場所に相談に行けるほうが望ましいですが，どこに相談したらよいかわからない場合は，まずは話しやすいところに相談してみましょう。

そして，学内にあるさまざまな相談先の他，教員に直接相談するという方法もあります。多くの大学では「オフィスアワー」という時間を設けています。これは，教員の都合よい時間に，学生が研究室に相談に行けるという時間です。授業でわからなかったこと，もっと聞いてみたいことなどを質問してみましょう。授業のことだけでなく，進路のことや気になっていることを相談することも可能です。

教員には相談しづらいという場合には，ピアサポーターに相談してみるとよいでしょう。ピアサポートとは，学生同士による学び合いのことであり，サポートする学生をピアサポーターと呼びます。同じ学生目線で話ができるという利点がありますので，「誰かに教えてもらいたいけれど，先生には聞きづらい」と思うようなことがあれば，気軽に相談してみましょう。

学外でも相談先は多くあります。自分が住んでいる自治体の相談窓口の他、対面の相談ではない方がよい場合は，「心の健康相談統一ダイヤル」や「よりそいホットライン」などの電話相談がありますし，SNSを利用した相談窓口も多くあります。厚生労働省が運営する「支援情報検索サイト」（https://shienjoho.go.jp/）では，近くの相談先を検索することができますので，自分に合う相談先を探してみましょう。

相談することは社会に出てから必要なスキル

人に相談してばかりだと，自分の力が伸びないのではないかと心配する人がいるかもしれません。それは相談の方法によります。

〈相談の方法〉
(1)　できないので，やってもらえないかと相談する。
(2)　できないので，やり方を教えてもらえないかと相談する。

いろいろな事情があり，自分にはできないことであれば(1)の方法で問題ありません。たとえば，「アルバイトに行く予定だったが，身内に不幸があったので，代わってもらえるか相談する」というような場合は，自分ではどうしようもないので代わってもらってよいでしょう。ですが，「レポートの書き方がわからないから，代わりに書いてもらえないか相談する」という場合はどうでしょうか。書いてもらうという方法では，自分の成長につながりません。

一方，(2)の「レポートの書き方がわからないから，書き方を教えてもらえないか相談する」ということであれば，レポートの書き方を教えてもらうことで，次は相談しなくても１人でレポートを書くことができるかもしれません。つまり，相談することで自分自身を成長させることができるのです。

大学を卒業して社会に出たら，初めての体験が多く，わからないことが多くあるでしょう。わからないことがあって当然です。周りの人に相談しながら自分の力を伸ばしていくことが求められます。大学も，高校までとは異なるため戸惑うことが多くあると考えられますが，社会に出る前の練習だと考えて，相談するスキルを高めていきましょう。

引用文献

内閣府（2019）「令和元年版　子ども・若者白書」https://www8.cao.go.jp/youth/whitepaper/r01gaiyou/index.html（最終アクセス日：2022年5月31日）。

山田裕子（2011）「大学生の心理的自立の要因ならびに適応との関連」，『青年心理学研究』第12巻第1号，1-18頁。

第7章　大学生として働くということ
――実社会と触れ合う機会として

本章では，アルバイトやインターンシップなど，大学生が実社会のなかで「働く」ことについて考えていきます。また，必要な情報も提供します。いずれは身を置く実社会を知り，経験しておくことは，自らのキャリア選択を考える上でも，よい機会になるでしょう。

1　大学生として「働く」意味

キャリアの選択肢を広げよう

「働く」という経験をする大学生は少なくありません。「お小遣いがほしい」「留学費用を貯めたい」など，お金を稼ぐためにアルバイトや派遣で働く人は多いでしょう。他にも，身体や頭を使って社会で生活をしている人と関わりを持つという広義の「働く」で考えれば，ボランティアに従事することも「働く」と言えます。「困っている人の役に立ちたい」「見聞を広めたい」といった理由で働く人が多いでしょう。それぞれの働く理由を大切にしつつ，そこにもう一つの視点を追加しませんか。「自分のキャリア形成に活かす」という視点です。「世の中にある組織や仕事を知る」「社会人と交流する」という視点を持つことで，あなたの実社会を見る目が養われていきます。それは，自らの将来を考えるうえできっと役立つでしょう。

大学生のうちから実社会に触れることの重要性は，以前よりも増しています。世の中のしくみが複雑になったことで，組織や仕事が多様化し，わかりにくくなっているからです。働き方も一様ではありません。たとえば，「営業」と聞くと「モノやサービスを売る仕事」というイメージが強いと思いますが，そのイメージはすでに過去のものと言えます。いまは「課題を解決するための一連の業務」が主となり，具体的な仕事内容は組織によってまったく異なります。働き方も，場所や時間にとらわれないテレワーク（例えば在宅勤務など）が広がるなど，毎日出勤するスタイルばかりではなくなりました。また，専門性を活かして副業を行う人も増えています。自らのキャリア形成を考えるうえで，知っておきたい知識や情報は多くなっているのに，それらに触れる機会は限られています。

人は知っていることからしか選択できません。知らないことが多ければ，キャリア選択の幅は狭いままです。世の中にどんな組織があり，どんな仕事や働き方があるのか。いまのうちから少しずつ理解を深めていけば，あなたの可能性は広がり，納得のいくキャリア形成ができるはずです。

大学の学びと「働く」の相乗効果

学生の本分はあくまで学業です。大学で修める学びを通して，自らの知識やスキルを磨き，思考力を高めていく必要があります。そして，大学生としての学びは教室の中だけとは限りません。修めた学びを「働く」ときに試したり，検証したりすれば，学業はより発展し，深まっていくでしょう。

「プロジェクト型学習」「問題解決型学習」と呼ばれるPBL（Project Based Learning）という学習スタイルがあります。社会にある課題を教材にして，解決するための仮説を立て，調べて，検証していく過程で，有用な学びを得ていくという学び方です。このPBLを働くときに実践すれば，それは大学生らしい学びと言えます。働く現場で見えてくる課題（困りごと）の原因を考え，解決方法を調べ，実践するときは，学業で得た知識を活用するだけでなく，大学にある学びのリソース（資源）をフルに活用するとよいでしょう。大学にはそれぞれの分野に精通した教員たち（専門家）がいます。図書館には多くの学術書や論文があり，自由に読むことができます。こうした学びのリソース（資源）をフル活用して，課題解決にトライしてみましょう。働くことを通して，大学での学びを実社会で活かすことは，あなたの学ぶ意欲をより高めてくれるはずです。

言われたことをやるだけの「受け身で働く」から「能動的に働く」に意識を変えるだけで学びは深まります。大学の学びと「働く」の相乗効果を狙っていきましょう。

2　大学生が「働く」ときの形態

多くの学生が経験する「アルバイト」

学生にとって「働く」と言えば，多くの人が「アルバイト」を思い浮かべるでしょう。アルバイトを探すには，専門の求人サイトやフリーペーパーで探すことが一般的です。長期アルバイトの場合，学業との両立を考え，シフト制で曜日や時間が選べる「飲食・フード（接客・調理）」や「販売（コンビニエンスストア・スーパーマーケット）」，夕方以降の時間で対応できる「教育（塾講師・家庭教師等）」といった分野で働く人が目立ちます。他にも，短期・単発もの，長期休暇中の期間限定ものなど，さまざまな求人があります。自分の条件や働く目的に合わせて選ぶとよいでしょう。

初めてアルバイトを始めるときは，わからないことや不安なことが多いはずです。事前準備や気をつけてほしいことを次節にまとめました。参考にしてください。

1～2年生から参加できる「インターンシップ」

店舗で接客や販売といった仕事をするより，オフィスでデスクワークを経験したい場合は，アルバイトよりインターンシップの方が適しているでしょう。インターンシップは，キャリア選択（就職活動）を考え始める大学3年生を対象にしたプログラムが多いのですが，大学1，2年生が参加できるものも少しずつ増えています。選択肢の1つに入れておくとよいでしょう。

インターンシップとは，組織や仕事への理解を深めてもらうために実施する「就業体験」です。1日から数日程度の短期プログラムもあれば，1か月以上の長期プログラムもあります。短期の場合は無給が一般的ですが，数か月といった長期では有給になることが多くなります。社会人と身近に接し，一緒に働くことで，仕事に活かせるスキルや思考などが得られます。

インターンシップにはさまざまな種類があり，実施の目的やスタイルも多種多様です。「ブラックインターンシップ」と呼ばれるような，注意が必要なものもあります。本章の第4節で詳しく説明しますので，しっかり理解したうえで，自分に適したインターンシップを検討しましょう。

上手く利用したい「派遣」

学生が派遣会社を利用するケースとしては，短期・単発の仕事をするときが多いでしょう。派遣アルバイトといった名称で募集しているケースもあります。働ける期間が限定されていて，短期・単発の仕事しかできない場合，その都度応募して，雇用手続きをするのは手間がかかります。派遣会社に登録しておき，期間などの条件に合う仕事があったときに紹介してもらえば，手間なく働くことができるので便利です。仕事内容はイベントスタッフ，工場のライン業務，試験監督など多種多様です。同じ仕事を長く続けるよりも，いろいろな仕事を経験したいと考える人にも向いているかもしれません。

アルバイトとの違いは，雇用主と働く場所との関係です。アルバイトは雇用主の会社で働きますが，派遣の場合は雇用主が派遣会社で，働く場所は派遣先（雇用主とは別会社）となります。つまり，雇用主は同じまま，働く場所はその都度変わるわけです。事前に登録手続きをしておけば，契約の手間を省いて短期・単発の仕事を行うことができます。

利用する派遣会社は慎重に選びましょう。登録手続きに費用はかからないので，手続きに行ってみて，対応に不信感を覚えた場合は，そこからの仕事は引き受けないといった態度も必要です。また，断っても食い下がるような押しの強い派遣会社（もしくは担当者）にも注意しましょう。紹介された仕事の条件が合わなければ，ハッキリと断る姿勢が大切です。

社会的課題が見えやすい「ボランティア」

ボランティアで働くと，これまで出会ったことのない人々と触れ合え，見えてこなかった社会的課題に気づくことができます。“社会的課題”に明確な定義はありませんが，環境問題や人権問題，貧困問題，教育問題などが挙げられます。こうした生活のなかにある課題を知ることで，社会システムの矛盾に気づくこともできるでしょう。

世の中に存在する社会的課題を知ることは，ものごとをみるときの視点を増やし，他者の立場で考える力を養います。これは仕事をするときに求められるスキルの一つなので，よい社会人トレーニングと言えます。また，多様な人々が一緒に生きていくインクルーシブ（包摂的）な社会の市民として必要な考え方を養うことができます。

大学ではさまざまなボランティア活動を行っていますし，ボランティアサークルもあります。自分ができることや得意なこと，興味関心があることなど，始めやすい分野からトライしてみるとよいでしょう。

自分のアイデアやセンスを試す「学生起業家」

学生のあいだに起業して，働くことを経験するという方法もあります。「こんなモノ（サービス）が世の中にあれば，もっと快適なのに」といったアイデアや「多くの人に知ってほしい」と感じるモノ（サービス）があれば，事業化して世の中に提供してみるのも一案でしょう。起業と言っても，法人登記して会社を設立するばかりではありません。ECサイト（インターネットショッピングなど，オンライン決済を行う行為の総称）を活用して，個人事業としてビジネスを展開する方法もあります。自分の特技やスキルを活かして，仕事の依頼を受ける専門サイトも存在します。起業のスタイルはさまざまです。

成人年齢が18歳に引き下げられたことで，自分名義で各種契約を行うことが可能になりました。起業のハードルは低くなったと言えます。とはいえ，留意すべきことは少なくありません。契約や仕事上のアドバイス・支援をしてくれる大人は必要でしょう。もし起業するのなら，メンター（よき指導者，すぐれた助言者）を見つけておくことをおすすめします。

3　アルバイトを始めるときに知っておきたいこと

学業との両立が基本！

アルバイトを始めるとき，必ず押さえてほしいことは「学業との両立」です。高校と大学では，学び方が大きく異なります。生活スタイルもガラリと変わるでしょう。履修科目が決まり，予習や復習など日々の学習リズムをつかんでからアルバイトを考えても遅くはありません。大学生活に慣れてくれば，アルバイトにかけられる時間はどれぐらいか，無理なく働けるエリアはどの範囲かなど，具体的な条件が見えてきます。学業に支障がでない曜日や時間，場所に目処をつけてから，仕事探しを始めれば安心です。

時給の高い深夜帯のアルバイトに就く学生がいます。この場合，自己管理が強く求められます。睡眠不足で翌日の授業に集中できない，体調を崩すといったトラブルが出ないよう，無理のないスケジュールを意識してください。また，シフト時間の延長や追加を依頼され，断れずに長時間労働になってしまうケースも目立ちます。はっきり断ることも，働くときには必要な姿勢であることを覚えておきましょう。

授業の予習や復習，課題の締め切りなど，日々の学業スケジュールを把握しながら，健康管理も加味して，アルバイト時間を調整してください。

アルバイトの報酬とは

アルバイトをする理由としては，「お金を稼ぎたいから」が最も一般的でしょう。でも，せっかく働くのなら，お金以外の理由も考えてみませんか。アルバイトとはいえ，実社会に触れる機会です。仕事をすることで○○ができるようになりたい，△△分野の知識を得たいなど，働く理由を考えてみることは，自分自身の興味関心と向き合うことにもなりますし，アルバイトを探すときの基準にもなるはずです。

アルバイト専門の情報サイトを使って仕事を探す場合，曜日や時間，場所といった条件までは検索機能で絞り込むことができます。でもそこから先は，自分で取捨選択していく必要があります。基準がないと選ぶのは大変です。お金を稼ぐこと以外の働く理由があれば，そこから優先順位をつけ，選んでいくことができるでしょう。

たとえば，「社会人の話し方やマナーを学びたい」のであれば，コールセンターやホテルの接客など，接遇マナーの研修や指導があるものがよいでしょう。「人見知りを克服したい」のなら，会話をしながら販売するアパレルや家電量販店の接客があります。塾講師は「物事を分かりやすく説明できるようになりたい」というニーズに応えられますし，「パソコンスキルを向上させたい」場合は，データ入力やIT企業で募集している求人に応募してみるとよいでしょう。

アルバイトの報酬は，賃金だけとは限りません。そこで得られる知識や情報，スキル，経験など，複合的な視点で報酬を考え，アルバイト選びをすることをおすすめします。

準備をしよう！

アルバイトを始めるときには，多くの場合，面接を受けることになります。就職活動の面接は複数回ありますが，アルバイトはたいてい１回です。第一印象が効果を発揮します。第12章の第４節を参考にして，面接に臨むと良いでしょう。

その他，アルバイトを始めるまでに準備することをまとめました。

（1）履歴書を書く

ウェブ上で必要事項を入力するスタイルが増えていますが，紙の履歴書を提出するケースもあります。以下の注意点を押さえておきましょう。履歴書は文房具店やコンビニエンスストアで購入できます。いくつか種類があるので，アルバイト用を選ぶとよいでしょう。正社員用とは異なり，曜日ごとに勤務可能な時間帯を書く欄などがあります。履歴書と一緒に同封されている書き方見本を参考に，正確に記入してください。

手書きの場合，読みやすく丁寧な字を心がけましょう。書き損じても修正液などは使えないので，鉛筆で下書きをしてから清書して，最後に消しゴムで消します。少し手間ですが，キレイな手書きの履歴書は，それだけでアピールポイントになります。

証明写真を撮るときは，襟のあるシャツなど，カジュアルすぎない服装が適切です。髪型はアルバイト先で仕事をするときをイメージして，清潔感を大切にしましょう。履歴書を持参するときは，クリアファイルに入れて持ち運べば問題ありません。より丁寧に対応したい場合は，「履歴書在中」と書いた封筒に入れて渡すとよいでしょう。

（2）銀行口座を作る

給与は口座振り込みが一般的なので，銀行口座をつくる必要があります。自分の生活圏で利用しやすい銀行を選べば問題ありません。窓口に行かなくてもオンラインで口座開設できる銀行も増えています。

アルバイトで収入を得ることになれば，自由にできるお金は，高校のときよりも格段に多くなります。銀行口座があれば，自分名義のクレジットカードを作ることも可能です。お金に対する大きな自由を手に入れることになるでしょう。マネーリテラシー（お金の知識を持ち，それをうまく活用する能力。第3章の第4節も参照してください）は生きていくうえで重要なスキルです。自分で収支をしっかり管理して，計画的な使い方を身につけましょう。

（3）メモ帳とペンを用意する

アルバイト先には，メモ帳とペンを持っていきましょう。仕事に慣れるまでは，覚えることばかりです。一度の説明ですべてを正確に覚えることは難しいので，教えてもらったことはメモを取り，あとで見直したり，確認したりする必要があります。常にメモとペンを持ち歩くとよいでしょう。

メモを取るという行為は，「しっかり聞いています！」というボディランゲージでもあります。そのため，相手からの信頼を得やすくなります。働くときのメモには，さまざまなメリットがあるので，積極的に活用してください。

知っておくべき大切なこと

アルバイトを始める前に，必ず確認してほしいことがあります。「労働条件通知書（労働条件明示書）」で労働条件を確かめることです。これは，雇用主が労働者（アルバイト）に書面（条件を満たせば電子交付も可）で渡す義務があります。口頭だけでは労働基準法違反です。

しっかりと書面を読んで，以下の項目に不明点があったり，求人票や面接時の説明と違っていたりしたら，必ず確認しましょう。お互いに気持ち良く働くためにも，不明点や疑問はなくしておくことが大切です。

〈確認すべき項目〉

- 契約期間（期間に定めがある場合は，更新に関する決まりも含む）。
- 仕事をする場所や仕事内容。
- 勤務時間や休みに関する決まり（開始と終了の時刻，残業の有無，休憩時間，交替制勤務のローテーション方法など）。
- 賃金の支払い（計算方法や手当の有無，支払い方法，支払日など）。
- 辞めるときの決まり。

働き始めてから，トラブルが生じることもあるでしょう。シフトを勝手に入れられる，休みがとれない，長時間労働を強いられるなど，働く上で不都合なことが発生したら責任者に掛け合いましょう。それでも改善しないのであれば，辞めることも選択の一つです。雇用期間に定めのないアルバイトの場合，退職意思を伝えた２週間後には辞められます（民法第627条第１項）。就業規則や労働条件通知書に退職に関する規定があれば，それに則る方がスムーズですが，概ね１か月前に伝えれば問題はありません。労働者（アルバイト）には辞める権利があることも覚えておいてください。

4 インターンシップという働き方

日本のインターンシップの現状

日本のインターンシップの定義は，「学生がその仕事に就く能力が自らに備わっているかどうかを見極めることを目的に，自らの専攻を含む関心分野や将来のキャリアに関連した就業体験を行う活動」（文部科学省・厚生労働省・経済産業省（2022））とされています。名称は同じでも，アメリカとは意味合いやシステムが異なります。本書では日本で実施されるインターンシップについて説明します。

日本のインターンシップは，目的の異なる多様なプログラムが存在していることが特徴です。採用とのつながりもさまざまで，社会的な位置づけや意義が定まっていません。興味あるインターンシップを見つけたら，プログラム内容や条件をしっかり確認しましょう。わからないことや不安に感じることがあれば，キャリアセンターなどで相談することをおすすめします。

インターンシップの分類

前述したように，日本でインターンシップと呼ばれているプログラムは，実施目的や時期，期間に違いがあり，多種多様な状況です。全体イメージをつかむため，大きく3つに分類して，概要を説明しましょう。

（1）大学が主催もしくは斡旋する教育目的のインターンシップ

大学が窓口になって実施される教育目的のプログラムです。そのため，採用活動とのつながりは薄く，正課（単位あり）と非正課（単位なし）があります。

5日間以上で，実際の就業体験をともなうものが多く，一定の質が保たれていると言えます。インターンシップ先を大学で選定しているケースが多いので，企業に対する不安が少ないこともメリットでしょう。実際のプログラム内容はインターンシップ先によって異なるので，担当教員やキャリアセンターなど，運営責任者に確認してください。

（2）企業主催の1～2年生向けインターンシップ

1～2年生を対象にしたインターンシップで，企業主催とは言え採用活動とのつながりは強くありません。実施内容によって，2つのプログラムに大別することができます。

1つは，事業内容や仕事への理解を深めてもらうために実施するプロモーション重視のもの。企業の社会貢献活動の一環として行われますが，就職先の1つとして認知を広める意味もあります。大手企業が行う1～2年生向けインターンシップの多くは，これに該当します。

もう1つは，社員とほぼ同様の業務を担う長期インターンシップです。まだ数は多くありませんが，スタートアップ（起業したばかりの会社）やベンチャー企業で実施するケースが多く，専門の応募サイトも少しずつ増えています。インターンシップとはいえ，企業の利益につながるような労働に従事することが多いため，有給で実施されるケースが一般的です。参加したい長期インターンシップが無給の場合は，応募する前に，キャリアセンターなどで相談するとよいでしょう。

1～2年生向けインターンシップは，就職活動を強く意識するタイミングではないので，自分の適性や仕事理解を深めるのに適していると言えます。

（3）企業主催の採用活動を意識したインターンシップ

このインターンシップでは主催する企業が採用活動を意識しているため，主に大学3年生（もしくは大学院1年生）を対象に実施されます（1～2年生の受け入れが可能なものもあります）。就職情報サイトで紹介しているインターンシップは，これに該当します。

大学3年生（もしくは大学院1年生）の夏季休暇から本格的に始まり，翌年の春季休暇まで継続的に実施しながら，徐々に採用活動へとつながっていきます。採用との関わり度合いはさまざまで，インターンシップの学生情報を採用選考に活用するケースもあれば，企業プロモーションにとどまるものもあります。多くの学生は，就職情報サイトに掲載されるインターンシップ情報のなかから希望にあったプログラムを探して応募します。期間は半日や1日（「1day仕事体験」「オープンカンパニー」という名称で呼ばれます），２日から３日が中心で，１週間から２週間で実施されるものもあります。長期なら就業体験を通して自身との適性を考えることができますし，短期なら複数のプログラムに参加できるので，幅広い業界や企業から興味ある分野を探すときに便利です。キャリア選択を考えるうえで，インターンシップをどう活用するかを決め，目的にあったプログラムに参加するとよいでしょう。

他にも，インターンシップ自体が採用選考になっている採用直結型や大学院生を対象にした高い専門性を要するものなど，さまざまなプログラムが存在します。対象学年になったら，大学で行われる就職ガイダンスに参加して，最新情報を確認してください。

有給インターンシップとアルバイトの違い

一部のインターンシップは有給で実施されますが，この場合，アルバイトと何が異なるのでしょうか？　実は，この２つに労働法上の明確な違いはありません。目的や仕事内容の違いをイメージしやすくするため，言葉として使い分けているだけです。それぞれの違いを表7.1にまとめてみました。

表7.1　有給インターンシップとアルバイトの違い

	有給インターンシップ	アルバイト
学生の目的	•業界や組織，仕事内容を知る •成長やスキルアップ	•（主に）収入を得る
企業の目的	•採用を意識	•労働力の確保
仕事内容	•非定型業務が中心 •比較的，責任が重い	•定型業務が中心 •比較的，責任が軽い
習得スキル	•汎用性の高い社会人スキル •オフィスワーク全般	•マニュアルに則った業務固有のスキル

（出所）　筆者作成。

インターンシップという名称であっても，一定の条件をクリアしていれば労働者に該当するため，雇用契約を結ぶことになります。この場合，労働基準法をはじめ，最低賃金法も適用されます。そのため，有給インターンシップの給与相場は，おおむねアルバイトと同程度です。もし興味のある有給インターンシップの給与が成果に応じて支払われる歩合給のみの場合は，違法性が疑われます。契約書で条件をしっかりと確認して，不安な点があれば信頼できる大人に相談してください。

ブラックインターンシップに注意！

実態はアルバイト業務なのに，インターンシップを名乗り，無給もしくは低賃金で仕事をさせるケースが一部で見られます。なかには，社員とほぼ同様の仕事をこなしているのに，インターンシップだからと言って，無給で働かせるブラックインターンシップも存在します。

「就職に役立つ」「マーケティングの勉強ができる」といった誘い文句で，データ入力やテレアポ，営業活動などに従事させ，本人もやりがいを感じ，問題意識を抱いていないケースもあります。「インターンシップだから無給で当然」と思うのは間違いです。使用者から業務に関わる指揮命令を受け，利益につながる仕事をしていれば，それは労働者であり，賃金を支払う義務が生じます。有給となる条件を満たしているかの判断が難しい場合は，労働相談窓口などで相談するとよいでしょう。

インターンシップ保険への加入を検討しよう

インターンシップに適用される保険があります。「オフィスの備品であるパソコンや事務用機器を壊してしまった」「作業中に相手に怪我をさせてしまった」など，自分の過失で損失を与えてしまうケースだけでなく，「出社途中に事故にあって怪我をした」「業務中に転んで怪我をした」といった状況も考えられます。インターンシップで知り得た情報を意図せず漏洩してしまった場合，損害賠償のリスクもあり得るでしょう。労働契約を結ぶ有給インターンシップでは，労働災害（労災）などで対応できる部分はありますが，一般的な無給インターンシップでは何の保障もありません。

インターンシップ中に行う就業体験の内容次第では，保険加入を検討してみてもよいでしょう。大学生協などで取り扱っています。

増えているオンラインインターンシップ

採用活動のオンライン化にともない，インターンシップもオンラインで実施するケースが増えました。職場で実際の業務を体験することはできませんが，仕事内容を疑似体感できるワークショップを実施したり，事業内容に関連した課題にグループで取り組んだりして，仕事への理解を深めます。ZoomやTeamsといったオンライン会議システムを使い，数名単位のグループワーク形式で実施することが一般的です。

オンラインの大きなメリットは，遠隔地にある企業のインターンシップに参加しやすいことでしょう。交通費や移動時間がかからないので，経済的かつ効率的でもあります。大学3年生（もしくは大学院1年生）を対象にしたインターンシップでは，オンラインで実施されるプログラムがたくさんあります。対面と併用して，負担の少ないオンラインインターンシップを上手く活用しながら，卒業後のキャリアを考えていきましょう。

5　知っておきたい労働法

労働法とは何か？

労働法と言っても，そういう名前の法律があるわけではありません。労働基準法，労働組合法，男女雇用機会均等法，最低賃金法など，労働に関する複数の法律をひとまとめにして労働法と呼んでいます。

労働法は社会人だけのものではありません。アルバイトであっても，有給インターンシップであっても，雇用契約のある労働をしていれば，学生でも労働法が適用されます。ここでは，学生が働くうえで知っておいてほしい労働法について説明します。権利を理解して不当な扱いを受けないよう，義務を知らずに損害を生じさせないよう，必要な知識を得ておきましょう。

労働者としての権利

まずは，労働者として得られる権利を説明します。

（1）最低賃金

雇用主が労働者に支払う賃金は，「最低賃金法」という法律で，最低額が定められています。それよりも低い賃金は違法です。最低賃金は都道府県ごとに決められており，毎年改定されます。厚生労働省や各地域の労働局で確認することができます。

（2）有給休暇

アルバイトであっても2つの要件を満たしていれば有給休暇が発生します（労働基準法）。1つは，雇い入れの日から6か月経過していること。もう1つが，その期間の全労働日の8割以上出勤したこと。短時間のアルバイトでも，労働時間に比例して付与されるので，期間と日数で該当する場合は，アルバイト先に確認するとよいでしょう。

（3）休憩時間

1日の労働時間が6時間を超えたら，休憩時間を与えることが義務づけられています（労働基準法）。休憩中は労働から解放されている必要があり，休憩時間は無給扱いとなります（労働時間が6時間以内の場合，最低休憩時間は0分。労働時間が6時間を超え，8時間以下の場合，最低休憩時間は45分。労働時間が8時間を超える場合，最低休憩時間は1時間）。

（4）割増賃金

労働時間が1日8時間を超えたら，時間外労働として割増賃金（25％以上）が発生します（労働基準法）。1日8時間未満であっても，週40時間を超えたら割増賃金です。ただし，労使協定（労働者と使用者が結ぶ協定）などで変形労働時間制が導入されている場合は，一定期間内で平均した労働時間が適用されます。つまり，1か月単位の変形労働時間制が導入されていれば，週40時間を超えていても，月当たりで平均して週40時間を超えていなければ割増賃金は発生しません。

夜10時から翌日午前5時までは，深夜業に対する割増賃金（25％以上）が発生します。もし，時間外労働（25%以上）かつ深夜業（25%以上）であれば，割増料金は重複して発生するので，合計50%以上となります。

（5）労働災害保険

仕事中に怪我を負った場合，治療にかかる費用には保険が適用されます（「労働基準法」と関連法律として「労働者災害補償保険法」）。労働災害（労災）に該当するからです。保険料はすべて雇用主負担なので，労働者に支払い負担はありません。労災保険給付を受けるには，労働基準監督署で申請手続きが必要になります。

労働における義務や注意点

働くときに生じる義務や注意点もあります。アルバイトであっても，大きな損害を与えてしまう可能性があるので，しっかり確認してください。

（1）税金や社会保険

年間で103万円以上の所得がある場合，世帯主の所得税法上の扶養から外れるため，自身で所得税を支払う義務が生じます。ただし，学生の場合は「勤労学生控除」が利用できるので，手続きをすれば年間130万円までは大丈夫です。アルバイト先の給与明細に，「所得税」という項目があれば，あらかじめ一定金額が引かれて給与が支払われているケースです。年収が103万円（もしくは130万円）以下であれば，確定申告することで納めすぎた税金が返ってきます。

年間130万円を超えると，世帯主の「健康保険被保険者証」が使えなくなります。自分で国民健康保険などの保険料を支払い，自分名義の「健康保険被保険者証」を持つ必要が生じます。

注意したいのは，自分の税や保険料の負担だけでなく，親の収入にも影響を与えるということです。親の扶養から外れることで，親の給与所得控除が少なくなり，税負担が大きくなります。手当などが減る可能性もあるでしょう。税金や社会保険制度には細かいルールがあるので，該当金額を超えそうな場合は，早めに相談するとよいでしょう。

（2）個人情報には要注意

「個人情報の保護に関する法律（個人情報保護法）」という個人情報の扱い方を定めた法律があります。個人情報を有するすべての事業所が対象となり，守るべきガイドラインはアルバイトにも適用されます。アルバイト先で，特定の個人を識別できる情報を扱うときは，必ず管理監督者の指示を仰ぎ，それを順守しましょう。

（3）留意したいSNSでの発言

学生アルバイトが投稿したSNS（ソーシャル・ネットワーキング・システム）が大きな波紋を呼び，いわゆる炎上してしまうケースがあとを絶ちません。来店した有名人の様子を投稿した，商品の食品にいたずらする写真をアップしたなど，本人は気軽な気持ちで投稿したSNS情報であっても，企業やお店の社会的信用を損なう可能性があります。

職務上知り得た情報をSNSに投稿することは，やってはいけない行為です。公序良俗に反する行為は，学生アルバイトであっても組織の信用問題に直結します。SNSは社会に影響を与えるツールであり，あなた自身も責任が問われる立場であることを自覚しましょう。

相談できる相手を持とう！

「働く」という経験は，実社会を知る有益な手段ですが，初めて経験することが多いので，不安に感じる人も多いでしょう。困ったときに相談できる相手を持っておくと安心です。親でも，先輩でも，友人でもかまいません。大学の相談窓口や教職員も相談にのってくれます。相談できる相手がいることで，新しいことに踏み出す勇気も持てるでしょう。

もし，職場などでトラブルや対立が生じたときは，まずはしっかり話し合いをしましょう。それでも解決できないときは，公的な相談窓口など，公平な第三者に相談して，裁定してもらうという方法もあります。1人で対処しようとはせず，周囲に協力を仰ぐことが大切です。困ったときの相談窓口をまとめておきました。必要に応じて活用してください。

〈困ったときの相談窓口〉

- NPO 法人POSSE
  http://www.npoposse.jp
- ブラック企業被害対策弁護団
  http://black-taisaku-bengodan.jp
- 労働基準監督署
  http://www.mhlw.go.jp/bunya/roudoukijun/location.html
- 総合労働相談コーナー
  https://www.mhlw.go.jp/general/seido/chihou/kaiketu/soudan.html

引用文献

文部科学省・厚生労働省・経済産業省（2022）『インターンシップを始めとする学生のキャリア形成支援に係る取組の推進に当たっての基本的考え方』1頁。

第Ⅲ部
学問のはじめ方
——身につけたいスタディスキル——

第8章　講義って何だろう？　高校までの授業とは違う!?

学生の本分である学びを通して知的に最も成長できる場所が授業です。大学には講義や演習，実験や実習など多様な授業があります。本章では授業の種類や時間割の作り方，授業の受け方，予習復習や課題の取り組み方について解説します。

1　授業の種類

大学の授業の特徴は多様性

大学の授業の最大の特徴は「多様性」と「自由度」です。表8.1にあるように，高校では，クラスやコースごとに時間割が決まっていて，毎朝始業時間に間に合うように登校し，その日の時間割に従って授業を受ける，というのが一般的です。しかし，大学ではほとんどの場合決まった時間割はありません。時間割は自分で作ります。学校に行く時間も学生によりまちまちです。曜日によっては１日に１つしか授業がない，あるいは授業がまったくないこともありえます。

このように高校と大学で大きな違いがあるのには，２つの理由があります。１つは，大学では，大学全体あるいは学部学科としての教育理念や教育目標に基づき独自の教育をするからです。みなさんが入学した学部や学科は，卒業認定や取得学位の授与方針，教育内容や方法に関する方針，入学希望者に求める能力に関する方針を定めています。この方針に従って，どのような科目をどのように履修させるかを検討し，教育課程を作っています。そのため，同じ学問分野でも大学によって提供する科目が異なり，同じ大学でも学科によって提供

表8.1　高校と大学の学びの違い

	高　校	大　学
時間割	決められている	自分でつくる
教科や科目	網羅的に学ぶ	専門的に学ぶ
教　員	教科の免許を持った教員	研究者であり学問の専門家
教　材	決められた教科書に沿って学ぶのが基本	教科書，プリント，参考書などさまざま
出　欠	毎朝とる	授業によって異なる

（出所）筆者作成。

する科目が異なります。それが，大学の独自性や多様性を生み出しているのです。

さらに，大学では教員方が自分の研究領域や専門性にもとづいて授業をします。そのため担当教員の専門性が反映された科目が設けられ，同じ科目名でも担当教員によって授業で教える内容に特色が出ます。教える内容や教え方は担当教員によってさまざまです。この多様性こそが大学の魅力の一つでもあります。

もう１つの理由として挙げられるのは，学生の自主性の尊重です。大学の自主性や自律性の尊重は教育基本法という法律で規定されていますが，自主性や自律性が尊重されるのは大学という教育機関だけではありません。そこに集う学生，教員，職員の自主性や自律性も尊重されます。学生についてはさらに，積極的に自主性や自律性を育まれるべき存在であると言えるでしょう。

自分の興味や関心，追究したい分野や身につけたい技術を自分で考え，自分自身の自由と責任において履修する科目を決めることは，自主性や自律性を育む第一歩であり，大学生に与えられた権利でもあるのです。

講義，演習，実験，実習，実技の違い

大学には多様な科目が設けられているだけでなく，科目の授業形式も多彩です。教員が黒板に板書をして解説する授業，学生同士のディスカッションを中心に進める授業，学外のフィールドや学内の実験室で体を動かして調査や実験

をする授業などがあります。

第１章の第１節で述べたように，授業形態は「講義」「演習」「実験」「実習」「実技」の５種類に分けられます。授業は科目の特性や到達目標に応じて，５種類のどれか，またはこれらを組み合わせて実施されます。

講義は大学の授業の中心です。座って話を聞く時間が長いので，「座学」とも呼ばれます。典型的なイメージは，教員が教壇に立って教科書や資料を使いながら話をし，学生が椅子に座って話を聞きノートを取る，というものです。もちろん教員は話をするだけでなく，黒板に重要な内容を書いたり，スクリーンに文字や写真を写したり，映像を見せたりすることもあります。また学生に質問したり，グループで議論させたり，指名して発表させることもあります。高校までの主要教科の授業とほぼ同じ形式と考えるとよいでしょう。

講義と違って，高校までの授業でなじみのないのが「演習」です。演習は「ゼミ」「ゼミナール」「セミナー」とも呼ばれ，少人数で特定のテーマや課題について探究します。講義との最大の違いは学生が話す機会が多いことです。学生が自ら調査して結果を発表する，１つの文献を熟読して議論する，学生どうしで意見を交換する，といった活動を通してその分野の知識を深め，技術を習得します。

実験や実習，実技はいずれも，身体を動かしながら学ぶという点に特徴があります。目的は，座学で学んだ理論や概念を現場の実践に適用したり，繰り返し練習して技術を身につけたり，実験や調査を通じて研究方法を習得したりすることです。高校までの授業にあった理科の実験や体育の実技を思い浮かべると想像しやすいでしょう。大学に特徴的なのは，大学内の教室や施設だけでなく，野外のフィールドや，学外の団体や組織での活動を含むことがあることです。

板書をする授業，しない授業

高校と大学の講義の大きな違いの一つが「板書」です。高校までは，教員が黒板に授業のテーマや教科書の要点，重要な語句，覚えておきたい概念や年号，数式などを書いてくれる授業が多かったと思います。ただ文字を書くだけでなく，色分けしたり，囲んだり，関係性を矢印や線で示して，黒板を一枚の絵のように仕立ててくれた教員もいたかもしれません。チョークを使って書く以外にも，要点が書かれた紙を磁石で貼ってくれた教員もいたでしょう。

板書は，授業の流れや要点の理解，記憶の定着を助けてくれます。生徒は，板書をする教員の動きを手本にして文字や記号，数式やグラフなどの書き方を理解したり，ノートに書き写したりすることで記憶を定着します。このような授業形式は，授業の目的が教科書の内容の理解と記憶を目的とした学びに適しているといえます。また，文部科学省（2022）によると，日本では学校の教室は黒板を向いた一斉授業を念頭に整備されてきましたが，教授法もその環境に適応して発達してきました。

大学にも教室に黒板やホワイトボードが設置されています。しかし，高校までのような板書をする教員は少ないでしょう。そもそも板書をまったくしない教員もいます。たとえば，ある授業では，教科書や資料を見ながら，教員が口頭で解説します。黒板はほとんど使いません。重要な単語や語句が時々メモ書きのように板書される程度です。別の授業では，スクリーンにスライドを映しながら講義が進みます。やはり黒板はほとんど使いません。一方，授業が始まると教員が黙って黒板に文字や数式を書き始め，黒板がいっぱいになるまで書き終えると解説が始まる，という授業もあります。板書を多用するという点では高校と同じですが，使うのは白いチョークだけで字の大きさも最初から最後まで同じです。他に，教員が問題を出し，指名された学生が答えを黒板に書く，学生の答えを教員が要約して黒板に書く，といった授業もあります。黒板の内容は議論や解説のための素材であり，覚えることは想定されていません。

高校までの板書に慣れた新入生が最初にとまどうのが，このような大学の授業形態です。授業中は板書をノートに写し，試験前は教科書やノートの内容を覚えて試験にのぞみ，授業とはそういうものだと思って高校までは過ごしてきた人が多いと思います。ところが，大学の授業は全然違うのです。板書をほとんどしない授業も多く，板書をしても高校までのように配置や文字の大きさ，色づかいを工夫してわかりやすく書いてくれる授業は多くありません。高校との違いに驚き，「いったい何をノートに書き，何を覚えればいいのか」と不安になる新入生も少なくないでしょう。

大学の教員はなぜ高校までのような板書をしないのでしょうか？　それは学びの目的や教員の役割が異なるからです。高校までの学びで大きな割合を占めていたのは「覚えること」「正答すること」でした。知識を身につけ，正しい答えを出すことが求められました。教員は知識を授け，解の導き方を教える人でした。だから身につけるべき知識や正答を導く過程を板書する必要がありました。大学の学びでは，知識だけでなく，自分で問いを作り，材料を整理したり分析して自分なりの答えを導き，それを文章や図表，口頭でわかりやすく伝えることが求められます。そのため，大学の学びでは「考えること」「調べること」「まとめること」「議論すること」が大きな割合を占めます。教員の役割は，学生が正解のない問いに取り組み，独自の答えを導く手助けをすることです。

このような高校と大学の授業の目的の違いが，板書にも現れています。大学でも知識や答えを導く過程が重要となる授業では板書が活躍しています。ただし，そのような授業でも，教科書やスライド，資料を活用して説明する教員も多いです。さらに，考えたり，調べたり，まとめたり，議論することが重要となる授業では，板書は必要に応じて使う道具のひとつです。学生の意見や調査結果，議論の内容を黒板に書くのは，学生による議論に役立つからです。

2　時間割は学びのデザイン

時間割は自分で作る

すべての科目が必修である一部の学部学科の新入生を除いて，大学に入学した学生が最初にとまどうのが時間割作りです。というのも，高校までは時間割は与えられるものであり，時間割作りを大学で初めて体験するからです。しかも大学では時間割のすべてのコマを埋めるわけではないので，１週間の生活の仕方を決めることにもなります。

資料を見ながら必修科目や選択科目を確認し，学びたい科目を検討し，1年間に履修できる単位数の上限内か，指定された科目群の科目が含まれているかを点検するのは結構な労力です。1日に何科目入れるか，授業がない時間帯をどう作るか，授業がない日を作るべきかなど，考えなければならない要素がたくさんあります。

多くの大学では4月に所属学科の教員や事務職員から履修に関する説明があります。さらに，大学や学科によっては，教員や先輩，事務の担当者が相談に乗ってくれる時間を設けたり，実際に一緒に時間割を作る機会を設けたりもしています。ぜひこのような機会を活用しましょう。

実際に手を動かして作ってみると，時間割作りは大変でもあり楽しい作業でもあると感じられることでしょう。というのも，この作業は，自分が何に関心があるか，どのように成長したいか，この1年間をどう過ごしたいかを考える時間だからです。時間割作りの時間は，1年間の学びのデザインをする時間です。学びを通して1年後に一回り大きく成長した自分を想像しながら作業をしてみてください。

履修ガイド，シラバス，時間割表を用意しよう

時間割作成のために必ず用意しなければならないのが，「履修ガイド」「シラバス」「時間割表」です。「履修ガイド」（大学によっては「履修要項」「履修要覧」と呼ぶところもあります）はその大学の事典のようなものです。学年歴，卒業要件と学位，授業科目や単位，履修の方法から，成績評価や試験の方法，副専攻や留学など各種の制度，教育理念や学則まで，学生が知っておくべき情報がすべて掲載されています。「シラバス」は各科目の計画書です。授業名，担当者名，授業の目的や各回の内容，評価基準，教科書や参考書などが記されています。「時間割表」は大学によっては「時間割」「授業時間配当表」などとも呼ばれ，各科目がいつ開講されるかを曜日と時間帯で示した表です。

最優先で時間割に入るのは必修科目です。履修ガイドであなたの学年の必修

科目を確認し，時間割表で開講曜日と時間を調べましょう。選択必修科目はシラバスを見て選びます。それらをすべて，時間割表に書き入れます。

多くの大学では語学や情報科目が必修となっているか，選択必修となっています。これらは抽選やテストにもとづき，クラス分けされ時間が指定されることがあります。その場合は指定された時間帯に書き入れましょう。

次に選択科目を選びます。選択科目は自由に選択できる科目なので，「自由科目」と呼ぶ大学もあります。学部や学科によっては必修や選択必修科目ばかりのところもありますが，自分の関心や将来の進路を考えながら授業を選ぶことができるのは，大学の学びの醍醐味の一つと言えるでしょう。

考慮しなければならないのが卒業までに履修しなければならない総単位数と，1年間に履修できる単位数の上限です。たとえば，あなたが所属する学科では卒業に必要な総単位数が124単位，1年間の単位数上限が48単位であるとしましょう。1年生の必修科目が共通科目では語学や情報関係の科目など12単位，専門科目では10単位とすると，残り26単位まで履修できます。

ここで頭に浮かぶのは，1年間に何単位履修するのが望ましいのか，という疑問です。「4年間で124単位を取るから，4分の1の31単位を毎年履修すればよい」と考えたくなりますが，実際には多くの学生が履修単位数の上限近くまで授業をいれています。なぜなのでしょうか？

これには2つの理由があります。単位を早め早めに取っておく方が安心だからです。1年に48単位ずつ修得できれば，3年生で卒業に必要な単位が計算上満たせます。そうすれば演習や卒業研究などの4年生の必修科目を除いて，卒業要件を満たすために履修しなくてはならない授業がなくなります。

もう1つは，学年が上がると授業時間外にすることが多くなるからです。授業はより専門的になり，演習や実験，実習もあります。専門的な文献を読む，発表の準備をする，実験のレポートを書く，実習に出かけるなど，しなければならないことが増えます。ゼミや研究室に所属し，研究に取り組む場合にはとくに多くの時間が必要です。さらに，3年生以降は就職に関するインターンシップや企業訪問，企業説明会，面接などの選考も入ってきます。研究や就職活動に十分な時間を取るためにも，単位を早めに取っておくことが大切です。

では単位数の上限48単位まで履修するとして，残り26単位の科目を決めましょう。共通科目と専門科目の配当年次と卒業要件を確認し，履修ガイドとシラバス，時間割表をみながら科目を選び，時間割に書き入れます。履修科目が前期と後期のどちらかに偏らないよう，バランスよく履修しましょう。

面白そうな科目がたくさんあって迷うかもしれません。また，シラバスを読んでも内容がよくわからないという科目もあるかもしれません。悩んだら履修相談の時間を活用し，学科教員や先輩学生，事務担当者に相談しましょう。

サークルの先輩に相談する，インターネットやSNSのつながりで履修情報を交換する，という人もいるようです。体験にもとづく貴重な情報が得られますが，個人の主観や伝聞が入っているため注意が必要です。履修のしくみも毎年更新されますので，疑問に思ったら必ず大学が発信している情報を確認しましょう。

最後にとても重要な作業が残っています。「履修登録」です。作成した時間割は，大学に届け出をしないと履修できません。各大学の履修登録の方法は履修ガイドや配付資料に掲載されています。最近ではほとんどの大学で，コンピュータ上のシステムに入力する方式です。説明をよく読み，間違いのないように入力しましょう。

シラバスは情報の宝庫

時間割作成に欠かせない資料のひとつがシラバスです。シラバスとは英語のsyllabusをカタカナにしたもので，日本学生支援機構（2022）によると，科目の詳細な授業計画のことを言います。シラバスには授業名，担当教員名，授業の種類や目的，到達目標，各回の授業内容，成績の評価基準，予習復習の時間と内容，教科書や参考書などが掲載されています。シラバスからわかるのはたとえば次のようなことです。

〈シラバスからわかること〉

- 担当者がどのように授業を進めるのか，たとえば講義が中心なのか議論が中心か。
- 前提となる知識や必要な履修条件は何か。
- この科目を履修するとどんな力が身につくか。
- 毎回どのような内容を取り扱うか。
- 教科書や参考書，資料は何か。
- 発表やグループワークがあるか。
- どのような課題がどの程度あるか。
- 授業時間以外の学習はどのくらい必要か。
- 試験やレポートはあるか。
- 成績はどのように決めるのか。
- 欠席や遅刻はどのように取り扱われるか。

シラバスは情報の宝庫です。授業進行のイメージがつかめ，必要な勉強時間も見積もれます。必修科目の場合には課題の量や内容を考えて，時間割の前後に入れる科目を検討できますし，選択科目の場合には履修するかどうかを決める手がかりになります。

3　教科書や参考書

教科書，指定図書，参考書の違い

授業で使用する教科書や参考書はシラバスに掲載されています。まずは履修する科目のシラバスを確認しましょう。

高校までと違い，大学では教科書や参考書の取り扱いが担当者によって大きく異なります。基本的には，教科書は授業で毎回使う本として指定されています。一方，参考書は講義の補足をする，授業で取り上げた特定のテーマについてさらに深く学ぶ，発展的な内容を取り扱う本として指定されています。ただし，指定した教科書を参考書的に使用する授業もないわけではありません。

授業で使用する本のうち，教科書と参考書以外で重要なのが指定図書です。指定図書とは担当教員が指定する必読書のことです。金額が高い，冊数が多いなどの理由で教科書にはできないが，授業で必ず使う本です。

指定図書は図書館に置かれます。一般の本とは区別した書棚に科目ごとに並べられます。履修する学生が公平に利用できるよう，指定図書は貸し出し禁止か短期貸し出しとなります。学期の初めからしばらくは短期貸し出しが可能で，試験前に貸し出し停止になることもあります。課題によっては特定の時期に利用が集中する場合もあります。初回の授業で指定図書について説明があったら，早めに図書館で確認し，利用の計画を立てておくとよいでしょう。

必要な本は自分で購入

大学では教科書や参考書は学校が用意してくれません。学生が各自で揃えます。多くの大学では学期の初めに教科書販売のための特設の会場が設けられます。販売期間は数週間から１か月ほどです。

同じ学科，同じ学年でも履修する科目が異なれば使う教科書も異なります。また，同じ科目名でもクラスによって使う教科書が異なる場合もあります。また，本は，落丁（頁が抜けること）や乱丁（頁の順番が入れ替わること）以外の理由では，返品や交換を受け付けてもらえません。販売期間終了後は取り寄せするか，他の書店で入手しなくてはならなくなります。そのため，教科書や参考書の購入には細心の注意が必要です。

履修する科目が決まったら，シラバスで教科書や参考書を確認しましょう。大学によっては学部学科別に教科書や参考書の一覧表を配付してくれます。履修する科目名だけでなく，担当教員の名前も確認し，購入する教科書や参考書のリストを作るか，一覧表に印をつけるとよいでしょう。

教科書の販売会場には学部学科，科目，担当教員ごとに本が並んでいます。会場を回って購入したい本を選び，レジで支払います。支払い方法は現金やクレジットカード，大学生協の電子マネーなどです。最近ではウェブサイトから申し込む方式を採用する大学も増えてきました。指定のページで購入したい本を登録すると，後日店頭で受け取るか，宅配で自宅に届きます。

教科書代がどのくらいかかるのかが気になるところです。学生によって履修する科目が異なるので，一概に言えませんが，神戸大学（2021）の調査によると１年あたり数万円の場合が多いようです。また，日本学生支援機構（2022）の調査では，教科書などの「修学費」の平均は４万6,800円でした。文具や実習の材料費や交通費なども含まれているので，教科書や参考書に限ればやはり数万円が目安になるようです。

教科書や参考書は買うべきか

教科書や参考書をいつ，どのように購入するかは学生にとってとても悩ましい問題です。教科書や参考書を全部買うと大きな出費になるのと，授業に必須なのか判断がつかないことが多いからです。また，履修登録をして初回の授業に出たものの，自分の想像と違っていたり，履修を継続するのが難しいと感じたりして，履修を取りやめる可能性もないわけではありません。

そのため，大学生協や教科書販売店では初回の授業を受けてからの購入をすすめているところもあります。また，ウェブ上では，図書館で借りたり，先輩にもらって買わずに済ませたり，フリマアプリで安く買う方法を紹介しているサイトもあります。

授業での教科書や参考書の使われ方は多様なので，ここで１つの正解を提示することはできません。ただ，必修の授業で指定されている教科書は授業内で毎回活用され，試験やレポート課題にも使う可能性が高いです。また，初回の授業で教科書に沿って授業が進むことがわかった授業や，教員が「購入してください」と言った授業の教科書は買ったほうがよいでしょう。

大学での販売以外で入手する場合の注意点は「版」や書き込みです。図書館で借りる，人からもらう，オンライン書店で買うなどの方法を取る場合は，教科書の「版」を確認しましょう。教科書によっては毎年版を改訂しているものもあります。人からもらう，オンライン書店で買う場合には書き込みがある場合もあります。新品とは違う，ということをよく理解しておきましょう。

先輩の話やSNS上の情報から，なくても何とかなると思って教科書を購入しない学生がいます。もちろん何とかなる場合もあるでしょう。しかし，大学生協に話を聞くと，試験やレポート提出の締め切り直前に慌てて駆け込んでくる学生も少なくないそうです。本の中には簡単には入手できないものもあり，試験やレポート締め切りに間に合わないこともあります。

悩んだときに一番よい方法は「相談する」です。担当教員にメールする，オフィスアワーに研究室を訪ねる，履修相談で聞く，事務の窓口や学習サポートセンターで尋ねるなど，自分から積極的に質問し，解決するようにしましょう。

資料の整理

大学の授業では各種の資料が配布されます。たとえば，新聞記事や本，論文，政府の報告書などのコピー，講義内容の要約やスライド，学生のレポートや発表資料などです。これらは「レジュメ」「プリント」などとも呼ばれます。毎回大量の資料が配付される授業，初回に授業で読む必要のある文献一式が渡される授業，授業支援システム上にスライドや資料のファイルが掲出される授業など，資料の配付や提示方法はさまざまです。

配布された資料から試験問題が出されたり，レポート課題の執筆に資料が必要になったりするので，資料は必要なときに参照できるように整理して保管しておきましょう。整理の大原則は「分類」です。履修科目ごとに日付順に並べて保管しましょう。資料をもらったらその日のうちにファイルやバインダーに綴じるようにするとよいでしょう。保管の方法としては，１科目に１つのファイルを用意して綴じる方法や，複数の科目をまとめて１つのファイルに綴じる方法があります。性格や好みによりその人に合った整理の方法は異なりますので，自分なりの方法を工夫してみましょう。

4　授業に臨む

初回は必ず出席を

いよいよ授業開始日が近づきました。まず確認したいのが教室です。教室は時間割作成時に使った時間割表に載っています。建物や階数も確認しましょう。

科目によっては教室が指定されず，「非対面」「遠隔」「オンライン」「オンデマンド」などと書かれています。オンライン授業は教員と学生が同時にインターネットに接続して行う授業です。オンデマンド授業は，自由な時間に教材を見て学ぶ授業です。計画的に履修できるよう，オンデマンドであったとしても自分の時間割に最初から組み込んでおくとよいでしょう。パソコンが設置されている実習室やPC室，自分のパソコンで遠隔授業が受けられる教室やラウンジがどこにあるか調べておきましょう。

初回授業の前日までに，授業支援システムで情報を確認しておきましょう。急な教室変更や初回の持ち物，スケジュールや課題，評価基準に関する詳細な情報が掲載されていることもあるので，必ず確認します。

授業初日は緊張するものです。特に入学したばかりで知り合いがいない場合にはなおさらです。早めに大学に行き，リラックスして教室に入りましょう。座席が指定されていればそこに座り，指定されていなければ集中できそうな席を選びましょう。おすすめは黒板やスクリーンが見やすい前方の席です。教員の話がよく聞こえ，質問もしやすいです。前方に座っていると教員に顔を覚えてもらえる可能性も高くなります。

初回の授業では，その科目の到達目標や授業日程，課題や試験，評価の方法，使用する教科書や参考書などについて詳しい説明があります。遅刻の限度，レポートの体裁，試験の出題範囲など，単位に直結する重要な話もあります。メモを取りながらしっかり話を聞くようにしましょう。

しっかり聞き，積極的に参加しよう

２回目以降は，初回で説明を受けた授業の進め方を念頭に，勉強の仕方を工夫します。たとえば，教科書に沿って授業が進み，試験で評価するタイプの授業であれば，教科書を事前に読み，わからない点があれば調べます。さらに不明な点や疑問に思った点をノートに書いておきましょう。授業で疑問点について説明があれば学びが深まりますし，質問することもできます。

授業中はノートをしっかり取り，授業に集中しましょう。ノートは，自分にとって最も情報が見やすく，記憶できる方法で取るとよいでしょう。「ここは試験に出る可能性が高い」「重要な点なのでノートを取って」と言ってくれる教員もいます。スライドや配付資料に強調した字体で書かれていたら重要である可能性が高いです。授業後は教科書とノートを見返し，要点を確認しましょう。

最近はグループワークをする授業が増えています。グループワークでは，数人ずつのグループに分かれて，ディスカッションや調査，発表を行います。能動的な学習により，知識の定着をはかり，知識を応用する力を身につけるとともに，自主性やコミュニケーション能力，表現力を育むことができます。グループワークは新しい友人を作る絶好のチャンスでもあります。積極的に発言し，役割を引き受け，仲間と協力して課題に取り組みましょう。

予習・復習にどう取り組むか

シラバスには予習・復習に関する欄があります。項目名は「事前事後学習」「授業外学習」「準備学習」などが多いようです。ここには，授業以外の時間にする勉強内容が記載されています。

予習・復習の内容は授業によってさまざまです。たとえばある科目では，予習として教科書の特定の頁や章，学習支援システム上に掲載された授業スライドを事前に見ておくよう求めています。別の科目では，指定範囲の要約や，特定のテーマについてのレポートの執筆を課しています。

復習では，具体的に小テストの受験やレポート執筆を課す科目がある一方で，わからない点を自分で調べる，理論を日常にあてはめて考える，授業内容を人に説明できるようする，など学生の自主性を重んじている科目もあります。

先述したように，大学では２単位の科目１つについて，１回の授業あたり４時間程度の予習・復習をすることが求められています。ところが各種の調査で実際には予習・復習にかける時間がまったく不足していることが明らかになっています。たとえば，国立教育政策研究所（2018）による調査では，大学生の１週間あたりの予習・復習の平均時間は１年生4.9時間，２年生5.4時間，３年生5.0時間で，半数以上が１時間から５時間と答えていました。授業に出席する時間は20時間程度でしたので，１回の授業を90分とすると１日２コマから３コマ，約13コマの授業に出ている計算になります。授業１回あたり３時間程度予習・復習をすれば週40時間ぐらいになるはずです。週７日でならしても，１日あたり５時間から６時間は予習・復習に費やす必要があることになります。

授業，サークル，アルバイトと毎日忙しくてそんなに勉強に費やせないという人もいるでしょう。また，科目によってはシラバスに書かれた事前事後学習の記述が漠然としており，授業内で毎回の予習・復習についての指示がなく，何をすればわからない，という場合もあるかもしれません。

大学では予習・復習にどのように取り組めばよいでしょうか？　ここでは３種類に分けて考えてみましょう。ひとつは単位を取るための予習・復習です。シラバスや初回の授業の説明から成績評価に直結する課題と試験を把握し，必要な勉強量と内容を見積もります。課題の提出が滞ると授業への出席がおっくうになり，欠席が続いて単位を落としてしまいがちです。出された課題は必ず提出しましょう。授業中に詳しくノートを取り，授業後に要約や補足をしておけば，試験前に慌てることもありません。試験の頻度や難易度を検討して，いつどの程度勉強すれば合格点を取れるか考えましょう。

もうひとつは，わからないところをなくす予習・復習です。難しいと感じたところを自分で調べましょう。予習では，教科書や資料を読み，知らない語句や概念，理解が難しい部分に線を引き，辞典や文献で確認します。復習では，授業中に理解できなかったところを重点的に学習しましょう。

最後は，面白い，もっと知りたいという好奇心に基づく予習・復習です。教科書や資料，授業から興味や関心をそそられた箇所，自分にとって大事だと思う部分，目指す職業や将来役に立ちそうだと思う内容を中心に調べます。調べているうちにさらに興味が湧いてきて，もっと知りたい，理解したいと思うようになれば学びの醍醐味を感じられることでしょう。

授業を欠席するときは

大学では毎回出席を取る授業もあれば，時々取る授業やまったく取らない授業もあります。出席を取る方法も，点呼，出席カード，授業内の小テストやレポート，学生証による認証，授業支援システムでの登録など多種多様です。欠席や遅刻がどの程度評価に影響するかも大学や科目により異なっています。

出席を取るか取らないかにかかわらず，担当教員は学生が全回授業に出席することを前提として計画を立てます。欠席や遅刻をすると，せっかくの学びの機会を失うだけでなく，試験やレポートの準備に支障が出て単位が認定されない恐れがあります。授業への遅刻や欠席は本当にもったいないことです。

ただし，体調不良ややむを得ない事情で欠席や遅刻をせざるを得ない場合もあるでしょう。第１章の第１節でも述べましたが，欠席や遅刻については，それぞれの授業のルールに基づき，必要な場合は事前に担当教員にメールで連絡するようにしましょう。欠席の場合は授業資料の入手方法や課題について尋ねましょう。最近は講義を録画したものが提供される場合もあります。遅刻の場合には，教室に着いたら後方のドアから入り，静かに着席してください。

5　レポート・課題

作業内容と時間を見積もる

レポートや課題が出されたら，何を，いつまでに，どのようにすればよいか考え，執筆の計画を立てましょう。まず確認したいのが提出期限や形式です（第１章の第１節を参照してください）。それらを頭に入れながら，作業内容を検討し，時間を見積もります。手元にあるノートや資料を利用すれば書けるでしょうか，それとも文献調査やデータ収集が必要でしょうか？　文献を手に入れたり読んだりするのに何時間かかりそうでしょうか？　文字数の指定はありますか？　指定がない場合は，何文字程度書くことを期待されているでしょうか？　作業内容を細かく書き出し，執筆時間も考慮にいれ，提出期限に間に合うよう計画を立てましょう。

たとえば，期末レポートとして「授業で学んだことから１つテーマを設定し，文献を２つ以上引用して論じてください（2,000字以上）」という課題が出たとします。この場合，必要な作業にはたとえば次のようなものが考えられます。

〈レポート完成までの作業〉
（１）テーマを設定する。
（２）文献を探す，選ぶ（２つ以上）。
（３）構成を考える。
（４）執筆する（2,000字以上）。
（５）推敲・校正する。

書くための準備や文献の探し方，実際の書き方については第10章で詳しく説明しますが，ここからわかるのは，実際に書き始めるまでに結構な時間が必要だということと，書きっぱなしではいけないということです。テーマの設定と文献探しだけでも数時間から１日くらいかかるかもしれません。字数を考えると，構成と執筆を数時間で終わらせるというわけにはいかないでしょう。

他の授業の課題や自分の予定も念頭に置きながら，何を，いつまでに，どのようにするか，それぞれの作業にどのくらい時間がかかりそうかを見積もり，計画的に進めていきましょう。

レポートには3種類ある

大学で書くレポートにはいくつかの種類があります。ここでは「感想・所感型」「説明・報告型」「論証・実証型」の3つに分けて紹介しましょう。

「感想・所感型」はいわゆる「感想文」です。教員から「今日の授業を受けて感じたことを書いてください」と言われたような場合に書くレポートです。ただし，注意しなければならないのは，「面白かった」「ためになった」などのいわゆる「感想」以上の内容が求められているということです。このようなレポートを書く場合は，関心や疑問が湧いたところを1つ選び，授業内容を引用しながら述べるようにしましょう。「説明・報告型」は授業で説明した概念や理論，特定の文献やテーマについてまとめることを求められているレポートです。講義や文献をしっかり理解しているか，わかりやすく整理して伝えられるかが評価されます。「論証・実証型」は特定の文献やテーマについて問いや仮説を立て，根拠とともに答えや検証結果を述べるレポートです。文献を使って書くこともあれば，実験や調査をすることもあります。

レポート課題が出されたら，まずはどのような内容が求められているか検討しましょう。上記の複数のタイプを組み合わせた課題が出る場合もあります。多くの大学では初年次にレポートの書き方を学ぶ授業があります。

文献引用で評価が決まる

文献や資料を使ってレポートを執筆する場合は，参照した文献や資料が何かわかるようにします。他の人の見つけた事実や集めたデータ，研究結果，見解や批評を書き写してそのまま紹介することを「引用」と言います。引用した場合はもちろん，書き換えたり要約したりした場合でも必ず情報源を明示します。

情報源を明示する理由は，その部分が誰の見解や考え，データなのかをはっきりさせるためです。他の人の見解や考え，集めたデータであることを明示することにより，自分の見解や考え，集めたデータと区別します。

引用や要約をしたら，本文中に明示します。さらに引用や参照した文献や資料の出所である「出典」を頁末や文末などに一覧で示します。教員は，本文と同じくらい文献引用や使用文献を重視して評価しています。適切な文献を適切に使っているかどうかで，レポートの評価が大きく変わります。

授業やセミナーでレポートの書き方について学ぶときは，引用や要約，出典の示し方をしっかりと習得しましょう。

引用文献

神戸大学（2021）「教材購入費」https://www.kobe-u.ac.jp/campuslife/life/fee/index.html（最終アクセス日：2022年12月21日）。

国立教育政策研究所（2018）「学生の成長を支える教育学習環境に関する調査研究」https://www.nier.go.jp/05_kenkyu_seika/pdf_digest_h29/rep0301-all.pdf（最終アクセス日：2022年12月21日）。

日本学生支援機構（2022）「令和２年度　学生生活調査」https://www.jasso.go.jp/statistics/gakusei_chosa/2020.html（最終アクセス日：2022年12月21日）。

北星学園大学生協「教科書販売のご案内」https://www.hokkaido.seikyou.ne.jp/hokusei/juken/textbook/（最終アクセス日：2022年12月21日）。

文部科学省（2022）「新しい時代の学びを実現する学校施設の在り方について」https://www.mext.go.jp/content/20220328-mxt_sisetuki-000021509_2.pdf（最終アクセス日：2022年12月21日）。

第9章　数字を味方につけよう

数字を見るだけで嫌だという人も多いかもしれません。でも，数字を扱うことはどの分野でも必要なことです。ここでは数学が得意になるというよりは，数字を見たらまずどうすればよいのかを簡単に解説します。

1　まずは視覚化

数学の問題は国語の問題？

数学の問題と国語の問題はまったく別の物だと考える人はけっこう多いのではないかと思います。実際，学問分野を理系と文系に分けるのは一般的ですし，それによってクラスを作る高校も多いことでしょう。文系の学生の中には数学を避けるために，理系の学生の中には国語を避けるために進路を選択した人も見られます。

しかし，この分け方に根拠はほとんどありません。よく「文系は数学を使わない」と言われることがありますが，文系に分類される経済学や心理学では統計や指数・対数などの数学は必須事項ですし，文学でもたとえば作家同士を比較して使われている表現の比較を行うのに統計的な知識は必要になります。ここから，数学を基準にするという考え方で学問を分類することに妥当性はないと言えるでしょう。

また，社会生活ではアンケートの結果などで数字を見る機会が増えることでしょう。そこで数字から逃げてしまうと，自分にとって都合の悪い結果を受け入れることにもつながりかねません。数字が苦手だからといって逃げず，「ほどほどに立ち向かえる」ぐらいにしておくことは無駄ではないと思います。

実際，数学と国語のつながりは実は思っているよりも大きいです。いくつか例を見てみましょう。次の問題を解いてください。

大きい円の半径は4cm，小さい円の半径は2cmのとき，三角形のまわりの長さはいくつになりますか。

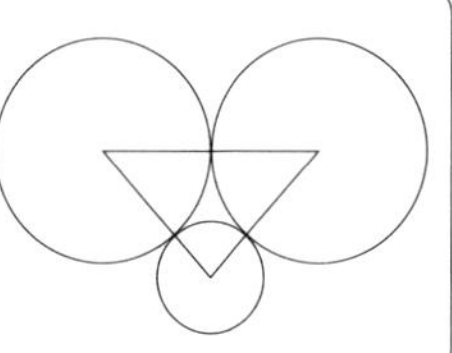

三角形は，大きい円の半径が4つと小さい円の半径が2つを合わせるので，4×4＋2×2＝20cmとなります。しかし，これをある小学生は「23cmぐらい」と答えました。どうしてこのように答えたかわかりますか？

この小学生は答えの理由を図とともに以下のように説明しました。

三角形は20cmで，そのまわりだから3cmあるかと思って23cmだよ。

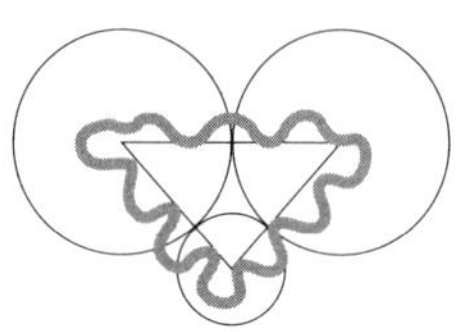

もう1つ例を挙げます。これも解いてみてください。

原価3,000円の商品に20%の利益を見込んで定価をつけました。この商品を定価の15%引きで売ったとき，利益または損はいくらになりますか？

少し複雑ですが，3,000円に20%の利益を見込むので，3,000×1.2=3,600円となり，そこから15%を引くので，3,600×0.85＝3,060円となります。そうすると答えは60円の利益です。ところが，同じく小学生は「540円の損」と回答しました。この理由を考えてみてください。

この小学生は「3,000円に20％の利益を見込むと3,600円になる。でも実際に売ったのは3,060円だから，600－60＝540円の損になる」と説明しました。

これらの問題はいずれも「まわり」や「利益・損」という言葉の定義（意味）に関することです。つまり，算数の問題というよりは言葉の意味ですから国語の問題に近いことがわかります。

解けることと理解していること――「÷」から考える

いきなりですが，次の問題を解いてください（引っかけではないので安心してください）。

(1)　$6 \times 3 =$

(2)　$6 \div 3 =$

どちらも難なく解けると思います。では，「まだかけ算，割り算を学んだことのない人に向けて２つの式を言葉で説明してください」と言われたらどう説明しますか？

たとえば（1）はかけ算なので「１袋６枚入りのパンが３袋あったときのパンの枚数」を表しているとか，(2）は割り算になので「６枚のパンを３人で分けたときの１人あたりの枚数」を表しているというように，たとえを使って説明するという人がいるのではないでしょうか？

それでは同じ説明を次の式に使えるでしょうか？

(3)　$6 \div \frac{1}{3}$

もちろん計算はできると思います。しかし，説明のときに上と同じようなたとえを使うと「６枚のパンを３分の１人で分けたときの１人あたりの枚数を表している」となりますが，「３分の１人」となるとなんだかよくわかりません。

ここで言葉ではなく図を使ってみましょう。まず（2）は図9.1のようにできそうです。

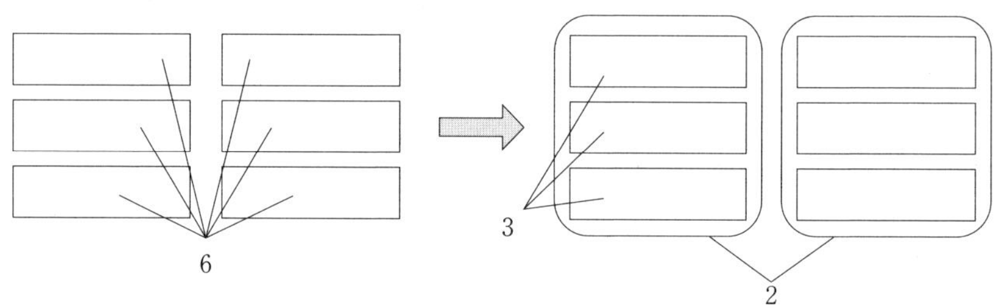

図9.1　6÷3の図解

（出所）　筆者作成。

つまり，６を３ずつグループに分けたら２グループできるということになります。同じように(3)は図9.2のようにできます。

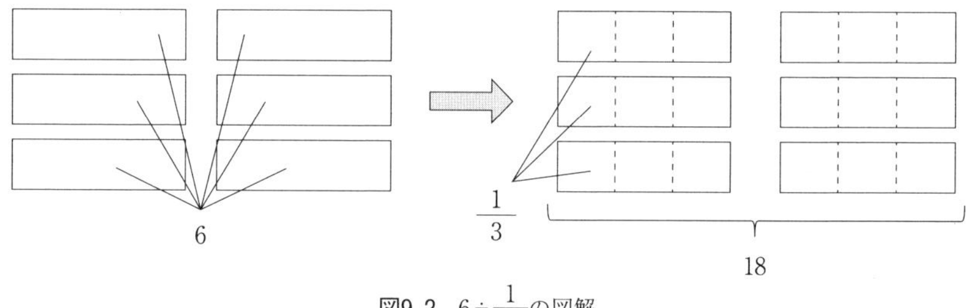

図9.2　$6\div\frac{1}{3}$の図解

（出所）　筆者作成。

つまり，６を３分の１ずつグループに分けたら18グループできることを表していることがわかります。これをまとめると，次のようになります。

$6\div3$：６を３ずつのグループに分けたときのグループの個数

$6\div\frac{1}{3}$：６を３分の１ずつのグループに分けたときのグループの個数

まとめ：ある数を別の数ずつのグループに分けたときのグループの個数

このように，割り算という計算はできても，それを言葉で説明するとなると意外と難しいですが，図にして表現するとヒントが得られることがわかると思います。数学について考えるときには，一見してわからないときでも，図や別の表現にして考え直すという態度（根性とも言います）がとくに重要です。

状況を別の言葉や図にする

上に挙げた例はいずれも小学生の問題でした。それだと「大学生の私たちはそのような間違いをしない」と思うかもしれません。しかし，大学生で出会う数学の問題も国語の問題に近いものは多いです。

たとえば就職試験のひとつにSPIと呼ばれるテストがあります。その中には「非言語問題」というカテゴリーがあり，一般には「数学の問題」と解されるものが多く出題されます。その中からいくつか例を見てみましょう。

「1年生ならば総合講義は履修していない」という命題が正しいとするとき，確実に正しいと言えるのは次のうちどれか？

A　総合講義を履修しているからといって1年生だとは限らない。
B　1年生でないならば総合講義を履修している。
C　2年生であるならば総合講義を履修している。
D　総合講義を履修しているのは1年生ではない。
E　1年生でも総合講義を履修している人がいる。

この問題は「対偶」と呼ばれる関係を問われています。対偶は「AならばBである」というときの「BでないならばAでない」という関係で，これは常に成り立ちます。一方，「AならばBではない」や「AでないならばBである」といった逆や裏の関係は常に成り立つとは限りません。これらは身近な例を考えるとわかります。

命題　自動車を運転できるならば，18歳以上である。
裏　　自動車を運転できないならば，18歳以上でない。
逆　　18歳以上であるならば，自動車を運転できる。
対偶　18歳以上でないならば，自動車を運転できない。

たしかにこれは学校では数学で習う範囲のものですが，実際のSPIの問題ではそれを言葉に置き換え，操れるのかを見ています。その意味でこれは国語の問題とも言えます。

命題の問題を考えるときには，このように別の身近な言葉に置き換えて考える方法がありますが，図を使って考えたほうがよい問題もあります。たとえば次の問題を考えてみましょう。

秒速15mで走る長さ100mの電車が秒速10mで走る長さ80mの電車に追いついてから完全に追い越すまでにかかる時間は何秒か？

距離，時間，速さの関係は，速さ×時間＝距離という式だけ覚えておけばあとは変換できます。今は時間を出すので距離÷速さが式だとわかります。しかし，数学に苦手意識があると，ここで距離や速さをどう考えればいいのかわからず止まってしまいます。そこで，図にすることでひとまず答えに向かって動くことができます。

上の問題の状況を図にするとどうなるでしょうか？　まず，場面がいくつあるのかを考えます。少なくとも「電車が追いついた」場面と「電車が完全に追い越した」場面という２つは必要です。また，図には「わかっていることをすべて盛り込む」ようにします。そのことに気をつけて書いてみましょう（図9.3）。

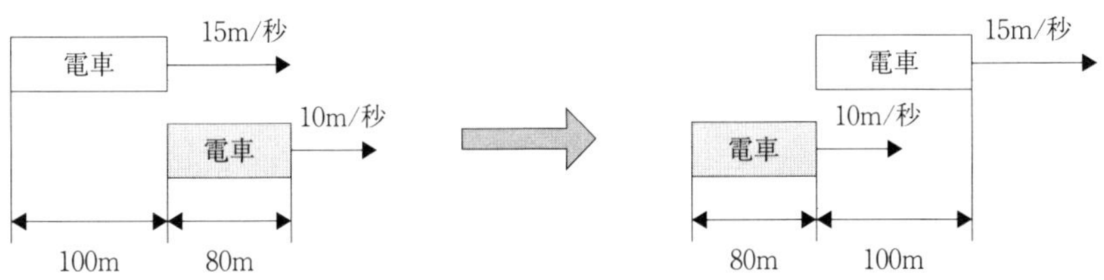

図9.3　電車が追いついた場面と追い越した場面
（出所）筆者作成。

２つの電車が同じ方向を走っているので，「距離」が少し混乱すると思いますが，速い電車が遅い電車に追いついてから完全に追い越すところまでの距離は，２つの電車を足し合わせた180mです。この関係も図にするとわかりやすくなります（図9.4）。

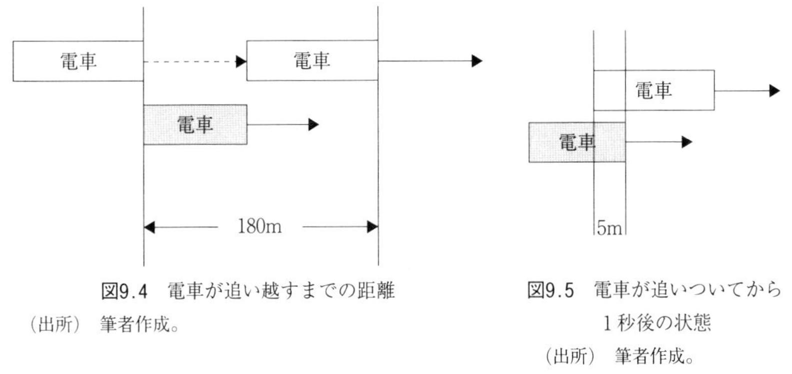

図9.4　電車が追い越すまでの距離
（出所）筆者作成。

図9.5　電車が追いついてから１秒後の状態
（出所）筆者作成。

２つの電車が同じ方向に走っているので「何秒かかるか」はわかりにくいように思うかもしれませんが，追い越しはじめて１秒後を考えて図にしてみるとヒントが出てきます（図9.5）。１秒の間に速い電車は15m，遅い電車は10m進んでいるので，５mぶん重なっていることになります。

完全に追い越した状態というのはこの５mが２つの電車の長さを足した180mぶんになったことを意味します。そうすると，５m×□秒=180mから，180m÷５m=36秒ということで，36秒が答えです。

適切な図になっているのかを考える

数字を味方につけるための第一歩は別の言葉や図表にすることにあります。ただ，図表にすればよいというものではありません。図表が十分に問題の意味を表していないと，正解にたどり着くことができません。そのことを説明するために次の問題を考えて，図に書いてみましょう。

> 倉庫から目的地まで時速80kmで走ったトラックが着いた２時間後に時速60kmで走ったトラックが到着しました。倉庫から目的地までの距離は何kmありますか？

例えば，図9.6を見たとき，どういうところが問題か分かりますか？

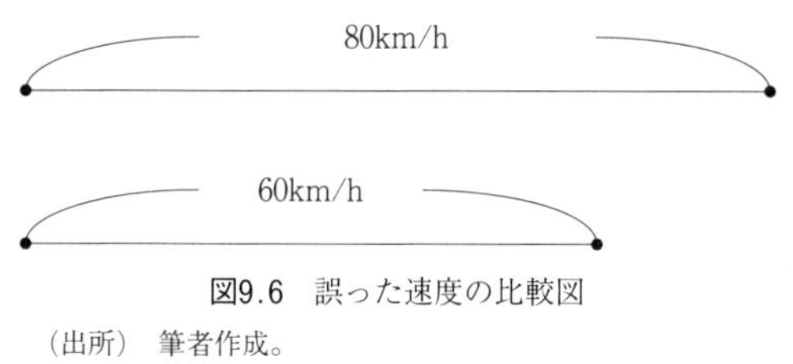

図9.6　誤った速度の比較図

（出所）　筆者作成。

図9.6の横軸が何を表しているかは数字に表れていて，これは「速度の違い」を表していることになります。しかし，求めたいのは「距離」です。つまり，書いたものと求めたいものが食い違ってしまっています。そのため，図9.6では「２時間後に到着した」ことを表すことができていません。

このように「求めたいものを表す図にできているか」というのは意外と盲点になるので気をつけなければなりません。改めて「距離」を比べられるようにして図を書きます。距離は速さ×時間で求めるので，かける（×）x時間を書き加えると距離の図になります。「２時間後に到着した」ことは時速80km（上）と時速60km（下）の差を２時間で走ったことで表せるので，図9.7のようになります。

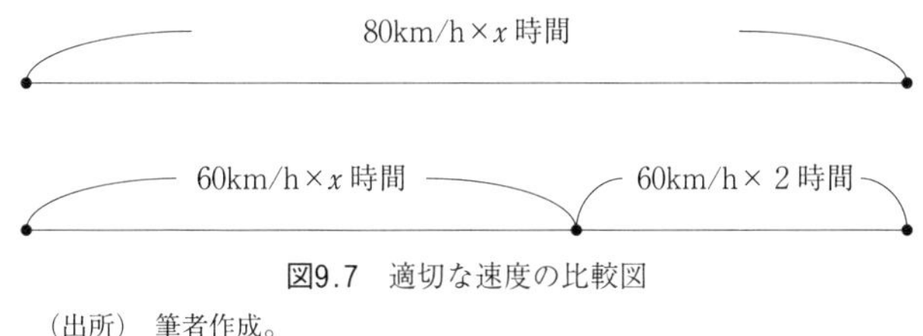

図9.7　適切な速度の比較図

（出所）筆者作成。

これで解答への糸口がつかめます。まず60×2＝120なので，速いトラックが目的地に着いた時点での２つのトラックの距離が120kmだとわかります。120kmは２つのトラックの速度差である時速20kmがx時間分たまったことによってできた差なので，xは120÷20＝6となります。そうすれば倉庫から目的地までの距離は80×6＝480kmということがわかります。

2　平均だけじゃ比べられない？

平均で比べればよいとは限らない

ここからは数字を扱うための表現をいくつか紹介します。表面的な計算だけでなく，それぞれの表現の意味を理解しましょう。

アンケートで数字を扱うとき，その結果をどう表現するでしょうか？　たとえば，映画の上映会をした感想を１（最低）から５（最高）までで表現したとしましょう。10人ぐらいなら数字を全部出してもよいと思いますが，100人規模になるとそれは大変です。そのため，何らかの数字で全体を表現します。このときに使う数字を「代表値」と呼びます。

代表値として有名なのは平均値と中央値です。平均値は値をすべて足して個数で割って出します。200人からの回答があるアンケートであれば，回答の値（１から５）を足して200で割ります。では次の２つのグループのテストの点数の平均値を比べましょう。

Aグループ	68	72	77	59	81	
Bグループ	71	49	77	86	80	54

平均値はAグループが(68＋72＋77＋59＋81)÷5＝71.4点になり，Bグループが(71＋49＋77＋86＋80＋54)÷6＝69.5点になり，Aグループの方が平均点は高いです。

中央値は値を高い方から並べたとき，ちょうど中央に来る値のことです。Aグループは値が5つなので3番目に高い72が中央値になります。それに対してBグループは値が6つあります。このような場合には中央を挟む2つのちょうど中間の値を中央値にします。つまり，3番目の77と4番目の71の中間の74が中央値になります。

それでは平均値と中央値はどう使い分ければいいでしょうか？　平均値と中央値の違いは全体をどう代表するかです。平均値は値の数でかけると全体の合計になりますが，中央値は値の数でかけても全体の合計にはなりません。その意味で平均値の方が全体に近い値を表せるので代表値としてはふさわしいと考えられます。

しかし，全体の分布が歪んでいる場合，平均値もその歪みに引きずられてしまいます。歪みのない分布というのは値を高い方からいくつかずつグループにまとめたとき，平均値を含むグループが最も数が多く，中央にあり，さらに平均値より多いものも少ないものも同じような数で広がっているような分布です。これを正規分布と呼びます。

大学共通テストの点数，身長，体重など，世の中にある数字には正規分布になっているものが多く見られます。しかし，正規分布にならないものがあります。そのひとつが世帯別の所得です。世帯別所得を100万円単位で並べると図9.8の右のような分布になります。世帯別所得は左（つまり，収入が低い方）が多くなっている一方，右（収入が高い方）に伸びているため，平均値は中央値よりも収入が高いほうに出ます。

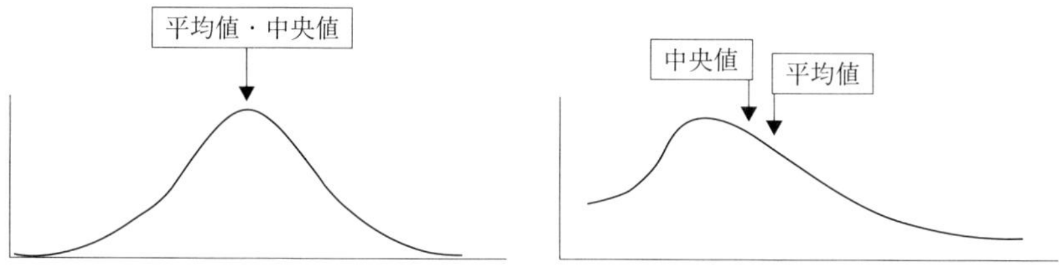

図9.8　分布の歪み

（出所）　筆者作成。

こういった正規分布ではないデータでは中央値を使うのが適切だとされます。

散らばり方を見る

代表値として平均値と中央値のどちらを使うのが適切かを考えるには分布を見る必要がありました。言い換えると，代表値の他に分布もそのグループの姿を伝えるうえで重要な情報だということです。ここでは分布を示す方法を挙げていきます。

データの散らばり方はヒストグラムを見るとよくわかります。しかし，ヒストグラムの他にも分布をもう少し簡略に示した箱ひげ図がよく使われます。

箱ひげ図にはデータの分布を見るうえで重要な情報が含まれています。まずデータの範囲の最小値，最大値があります。そして，中央値から最小値までの範囲の中央値（第一四分位数），中央値から最大値までの範囲の中央値（第三四分位数）があります。これらの情報があると，おおよそのデータの散らばり方がわかります。箱ひげ図では線で最大値から最小値までの範囲を示し，箱で第一四分位数，中央値，第三四分位数を表します。なお複雑になるのでここには入れていませんが，この他に平均値を含めることもできます。

ヒストグラムと箱ひげ図の関係を見ておきましょう。図9.9の右上は正規分布で，中央値からやや狭い範囲に四分位数があります。左下は左に偏っていて，中央値も四分位数も左（低い値）に寄っています。この状態では中央値は値の多い部分（4点）よりも右にあります。右下は2つのグループに分かれた状態で，いわば二極化しています。この状態では中央値に対して四分位数が広く分

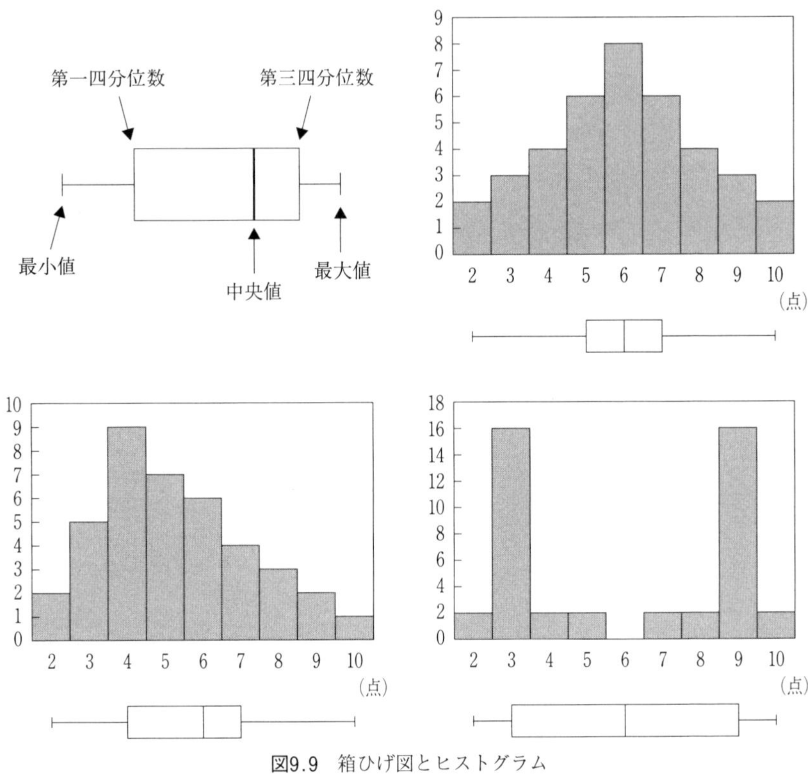

図9.9　箱ひげ図とヒストグラム

（出所）　筆者作成。

布し，最小値，最大値に近づいています。

ヒストグラムや箱ひげ図を比べることで，分布に違いがあるのかを感覚的に把握できます。その違いに統計的に意味があるのかを見るには仮説検定が必要になりますが，本書では扱いません。

増えたら増える？　減る？　変わらない？

多くの人は毎年学校で身体測定をしていたと思います。その結果は学校や市町村などさまざまな単位でまとめられています。また，国を単位としてもまとめられており，ウェブ上で見ることができます。2019年度「学校保健統計調

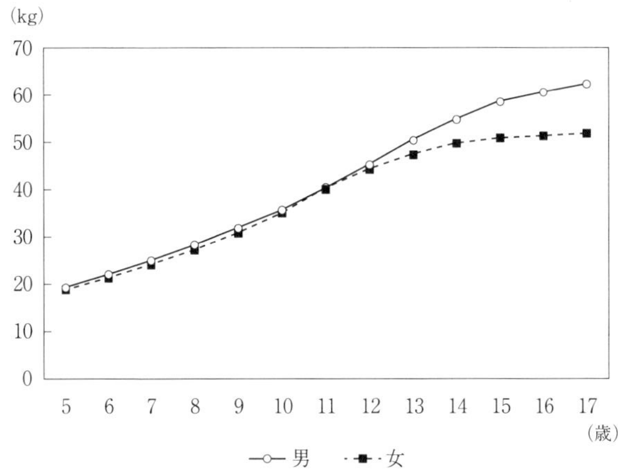

図9.10　性別ごとの年齢別の体重

（出所）文部科学省（2020）をもとに筆者作成。

査」（文部科学省，2020）をもとに体重の結果（中央値）をまとめたものが図9.10です。

見るとわかるように，女性は5歳から14歳頃までは年齢を重ねるにしたがい，体重も増加しています。このように，片方の値が増えるともう片方の値も増えるとき「正の相関」があると呼びます。

一方，14歳を過ぎると体重の増加が緩やかになります。このような相関の違いを「相関の強さ」と表現します。年齢と体重では，5歳から14歳頃までは相関が強く，14歳から17歳は相関が弱いということになります。

正の相関とは逆に，値が増えるに従ってもう片方の値が減る場合を「負の相関」と呼びます。たとえば，年間の平均気温が高い地域ほど年間の降雪日数は少なくなるなどです。図9.11（上）は「統計でみる都道府県のすがた」（総務省統計局，2022）を用いて都道府県ごとに2012年の平均気温をX軸に，降雪日数をY軸に置いたものです。これを見ると降雪日数の多い都道府県は平均気温が低くなることが分かります。

当然，相関がほとんどないデータもあります。図9.11（下）は都道府県別の

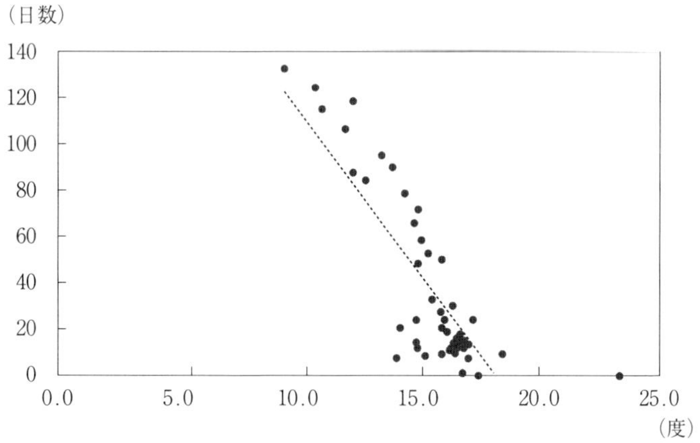

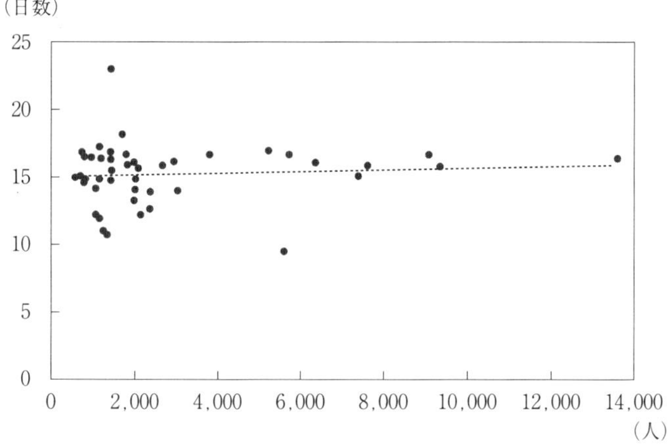

図9.11　平均気温と降雪日数（上），人口と降雪日数（下）
（出所）　総務省統計局（2022）をもとに筆者作成。

人口（*X* 軸）と年間降雪日数（*Y* 軸）ですが，ほぼ相関していません。

こういった相関性は数的な関係を見る上での第一歩として有用なので，チェックする習慣をつけましょう。もし相関性が見られたら，次にその相関性に意味があるのかを考察します。たとえばメッサーリ（Franz H. Messerli）という研究者は，国ごとのノーベル賞の受賞者数とチョコレートの消費量には正の相関が見られることを指摘した論文を発表しました（Messerli, 2012）。この論文では仮説の一つとしてチョコレートに含まれる物質が認知機能に作用するので，チョコレートの消費によって国民全体の認知機能が上がった結果，ノーベル賞受賞者数が増えたというものを出しています。

しかし，チョコレートそのものがノーベル賞受賞まで直接つながると考えるのが早計であることはよくわかるでしょう。これはチョコレートを豊富に食べられるような国は科学技術予算が多いので，ノーベル賞級の研究も出ていると理屈付けることもできます。このような直接関係はないけど相関性があるという場合を疑似相関と呼びます。

疑似相関を見破れるかは端的に言うと専門分野の理解によって左右されるところなので，常に気をつける必要があります。

③　その数に意味はあるの？

言葉のバイアス「1,000万円もした」「1,000万円しかしなかった」

ニュースなどで「1,000万円かけて建物を改修した」というようなことを聞いたことはないでしょうか？　こう聞くと「1,000万円も使ってけしからん！」という話になりがちです。しかし，そのような評価は適当でしょうか？

私たちが生活するのに1,000万円というのはかなり大きな金額です。日本の世帯別所得の平均が550万円であることを考えると（厚生労働省（2020）），多くの人にとっては非常に大きな金額であることが分かります。

しかし，一家庭での話ではなく，市町村でかかるお金だと考えるとどうでしょうか？　たとえば札幌市の年間予算は一般会計で約１兆円あります（札幌市（2019））。１兆円の中の1,000万円というと，0.00001％です。これを所得が500万円の家庭に当てはめると，5,000円です。

つまり大事なのは，何と比較するかということです。これは言い換えると実数（金額）と割合（％）を区別することです。私たちは大きな数字を見聞きするとどうしても数字そのもの，つまり実数の側面を注目してしまいますが，全体（分母）がいくつで，そのうちのどのくらいなのか，つまり割合という情報を疎かにしてはいけません。

これは文章についても言えます。文章表現の本には「事実と意見を区別する」という言葉がよく出てきます。ここで言う事実は客観的に裏づけのできるもので，意見は誰かの下した判断を指します。たとえば「この本は1,200円だ」というのは実際に本を見れば値段がわかるので事実であり，「この本は高い」というのは値段について下した判断なので意見となります。それでは「家に帰るまで２時間もかかった」というのはどうでしょうか？　GPSなどを使ってログを取って実際に時間を計測すれば「２時間かかったかどうか」はわかるので事実と判断されがちです。しかし，「２時間も」と「も」をつけると「通常よりも多いこと」ということが含まれるため意見とも言えそうです。つまり，何かしら分母に相当するような基準となる時間があり，それと比較しているわけです。このように価値判断の表現は実はいろいろなところに入っています。数字を使って客観的に示されたものでもこのような価値判断の表現には気をつけましょう。

見せ方にも技術がある

アンケートなどでデータを集めたとき，どのように示すかを考える必要があります。集計した表をそのまま示すと，どこにポイントがあるのかわかりづらくなります。「ちゃんと読めばわかる」と言う人もいますが，誰もがみなさんの書いたものを熱心に読んでくれるわけではありません。したがって，自分が示したいこと，見せたいことが効果的に伝わるように表現することは重要です。

たとえば政府統計にある「学校基本調査」（文部科学省，2021）から10年ごとの大学，短大の進学率を調べた結果を表9.1にまとめました。

表9.1だけでも「読み解けば」必要な情報は伝わりそうですが，何を表したいのかいまひとつわからないのではないでしょうか？　年による変化を見せたいなら図9.12のような折れ線グラフにするといいでしょう。

グラフにすることで，女性の大学と短大の進学率が1990年から2000年にかけて逆転したことや，男性の四年制大学進学率が1990年に一度落ちたことがよく

表9.1　大学・短大進学率（男女別）（％）

年　次	男（大学）	女（大学）	男（短大）	女（短大）
2010年	56.4	45.2	1.3	10.8
2000年	47.5	31.5	1.9	17.2
1990年	33.4	15.2	1.7	22.2
1980年	39.3	12.3	2.0	21.0
1970年	27.3	6.5	2.0	11.2
1960年	13.7	2.5	1.2	3.0

（出所）　文部科学省（2021）をもとに筆者作成。

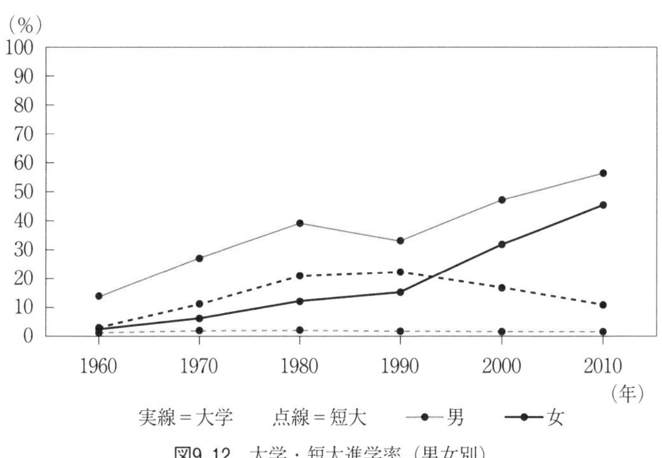

図9.12　大学・短大進学率（男女別）

（出所）　文部科学省（2021）をもとに筆者作成。

わかると思います。

グラフによる視覚化は結果を分かりやすく見せるという利点がありますが，場合によっては見る人を騙すこともあります。たとえばナイチンゲールは「クリミアの天使」と呼ばれるように，負傷者への手厚いケアを行った人として有名ですが，統計学者の顔も持っていました。図9.13はナイチンゲールが作成したクリミア戦争での月ごとの死者を死因別に集計したもの（Nightingale, 1859）を模しています。時計で言えば10時あたりを起点に右回りで見ていきます。薄い色が戦傷によるもの，濃い色が感染症です。見るとわかるように，戦争で亡

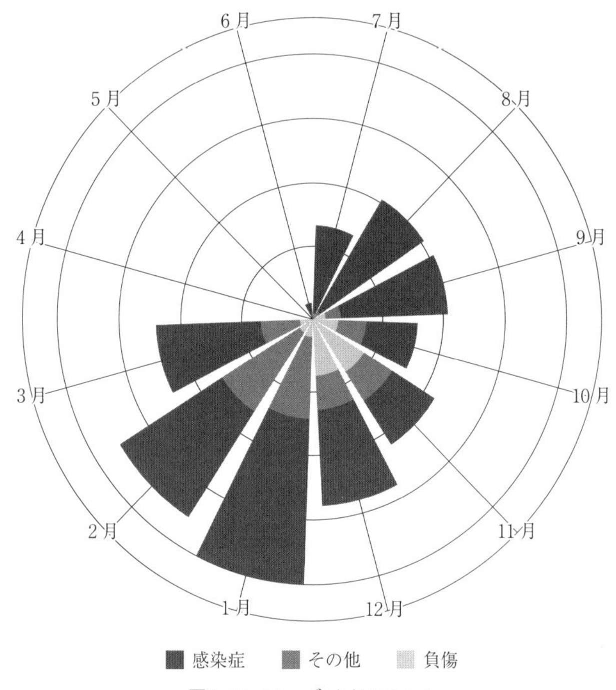

図9.13　ローズダイアグラム

（出所）　筆者作成。

くなった人の多くが感染症で亡くなっています。

ただ，図9.13は円状なので外に行くほど面積が大きくなります。そのため，感染症の死者数のインパクトがより大きくなります。たとえば同じ数値を折れ線グラフにすると図9.14（上）のようになります。同じく折れ線グラフでも割合を面積で示すと図9.14（下）のようになります。

こう見ると，たしかに感染症による死者は多いのですが，面積で見せるのと少し印象が変わったのではないでしょうか？

このように，グラフは種類やちょっとした加工によって印象が大きく変わります。それを使って自分の結果を効果的に見せることもできますが，誇張した表現は倫理の面から好ましくありません。また，他の人が示したグラフを見るときもこういった効果には注意するべきでしょう。

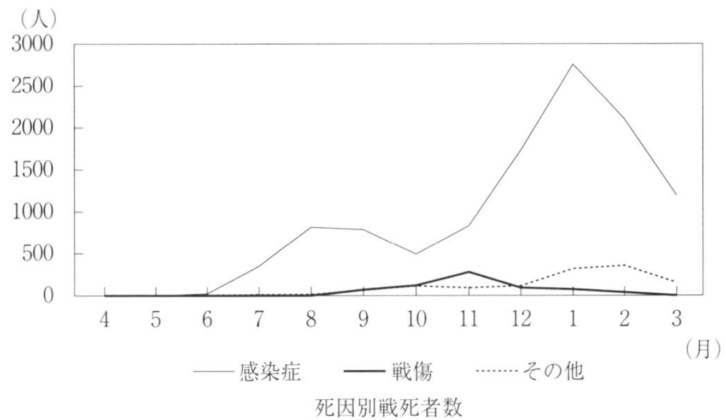

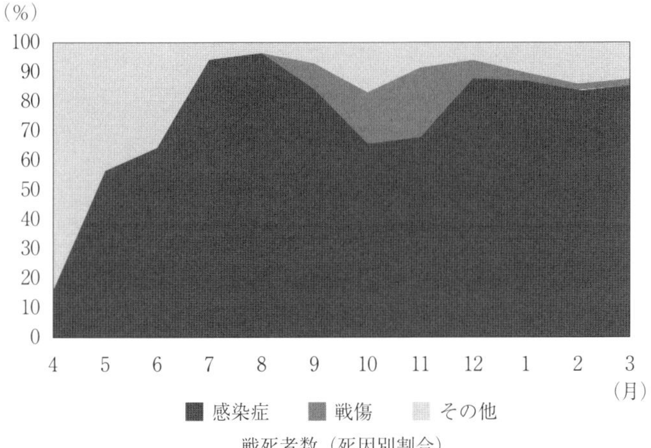

図9.14　線で示したグラフと面積で示したグラフ

（出所）　筆者作成。

引用文献

厚生労働省（2020）「2019年 国民生活基本調査の概況」

札幌市（2019）「令和４年度予算の概要」https://www.city.sapporo.jp/zaisei/kohyo/yosan-kessan/r4/documents/r4_yosannogaiyou.pdf（最終アクセス日：2022年12月21日）。

総務省統計局（2022）「統計でみる都道府県のすがた」https://www.stat.go.jp/data/k-sugata/index.html（最終アクセス日：2022年12月21日）。

文部科学省（2020）「学校保健統計調査」https://www.mext.go.jp/b_menu/toukei/

chousa05/hoken/1268826.htm（最終アクセス日：2022年12月21日）。
文部科学省（2021）「学校基本調査」https://www.mext.go.jp/b_menu/toukei/chousa01/kihon/1267995.htm（最終アクセス日：2022年12月21日）。
Messerli, Franz H. (2012) Chocolate consumption, Cognitive function, and Nobel laureates. *The New England Journal of Medicine,* 367, pp. 1562-1564.
Nightingale, Florence (1859) *A contribution to the sanitary history of the British army during the late war with Russia. London.* John W. Parker and Son.

第10章 書くことに親しむ

大学ではさまざまな場面で「書くこと」が求められます。「書くこと」というと「書き方」がイメージされがちですが，本章では「書く準備」に焦点を当て，さまざまな文章に備えられるようにします。

1 書くには準備が大事

ダメな文章には作戦がない

大学生になると文章を書く機会がとても多くなります。とくに学期末が近づくと次から次へと締め切りがやってきます。正直よい文章を書くことを考えている余裕がなくなるのもたしかです。しかし，それでもできることなら良い文章を書きたいと多くのみなさんは思うでしょう。

良い文章を書くコツを短く伝えるのは非常に難しいです。しかし，ダメな文章の書き方はけっこう簡単に伝えられます。ダメな文章を書くには，とくにテーマについて調べず，思いつくままにとりあえず字を埋めていき，書き上がっても見直さずに提出すればよいのです。

これを逆にする，つまり，(1)テーマについてよく調べ，(2)構成を練ってから書き，(3)書き上がった後に見直してから提出すれば，よい文章，と言えるかはわかりませんが，少なくとも「マシな文章」ぐらいにはなります。ちなみに実際に文章を書く作業というのは，この(1)→(2)→(3)と直線的に進むというより，(1)←→(2)←→(3)と絶えず行ったり来たりします。

文章を書くというとき，多くの人は「構成を練って書く」段階(2)をイメージします。実際，文章の書き方に関する本も「言葉の正しい使い方」「文章のつなぎ方」「分かりやすい表現のコツ」といった文章の書き方に関する技術に多くの分量が割かれています。しかし，実際に時間や労力をかけているのは，それ以前の「書くための準備をする」段階(1)です。

文章を書くための準備作業は多岐にわたります。たとえば、日常的に文章を書いたうえで，どれくらいの分量が求められているのか、読者はどういう人なのか、締め切りはいつなのか、どういったテーマで書かなければいけないのかといったことを整理しておくことが挙げられます。文章を実際に書く前にこれらを整理しておくだけで，だいぶ書くことが楽になります。

求められていることを整理しておこう

文章には目的があります。目的に合ってない文章を書いてしまうと，たとえ中身が良かったとしても評価されません。たとえば次のようなケースがあります。

- 美味しいアイスの作り方を知りたいのに，アイスに思った以上に砂糖が入っていることを説明される。
- コンニャクを使ったダイエットで効果があった人の割合を聞いたのに、コンニャクを使ったダイエットがどれだけ効率的かを説明される。

これを読んでいる人の中には上の例のようなことなんて起こるはずがないと思っている人もいるかもしれません。しかし実際には「求められたことと違う内容が書かれた文章」というのは結構あります。たとえば「公用車を電気自動車に変えるかどうかを，役所の担当者の立場から論じなさい」というテーマでレポートを課したとき，「電気自動車のしくみと，メリットとデメリット」だけを述べたレポートが出てくることがあります。これも上の例と同じように「求められたことと違うことを書いたレポート」になります。

こういった不幸を避けるためにも、少なくとも以下の２つは確認し，メモをしておくことをおすすめします。

(1) 書く話題・対象は何なのか。
(2) 記述が求められているのか，意見が求められているのか。

「書く話題・対象」は「～について」で言い換えることができます。上の例だと「アイスについて」と言えば両方とも合っています。しかし，もう少し具体的なレベルで見ると，「アイスの作り方」と「アイスに入っている砂糖の量」となり，ずれてきます。

「記述が求められているのか，意見が求められているのか」というのは，「何かの描写」か「何かに対する見解」かと言い換えることができます。上の例で言うと「コンニャクを使ったダイエットで効果があった人の割合」は記述になりますが，「コンニャクを使ったダイエットがどれだけ効率的か」というのは意見になります。文章技術の本では「事実と意見」という言い方をしていますが，「事実」という言い方はすこし誤解を招くところがあるので，本章では「記述」と言い換えました。

記述と意見の分け方は，「誰が確かめても同じか，異なりうるか」にあります。誰が確かめても同じになるものは「記述」，人によって異なるものや考えは「意見」です。

ただし，厳密に言うと記述と意見はきれいに2つに分かれるものではありません。「コンニャクを使ったダイエットで効果があった人の割合」の答えが「40%」だったとしましょう。これだけだと記述と言えます。しかし，「40%“も”の人に効果があった」「40%の人に“しか”効果がなかった」だとどうでしょうか。受ける印象が変わったのではないでしょうか。

文章を書く準備をするときには，これから書く文章で記述することが求められているのか，自分の意見を述べることが求められているのかによく注意をしましょう。

2　文章を書くための取材のイロハ

取材に時間をかけよう

テーマについて調べるというのは，「取材」と言い換えられます。取材というと誰かに話を聞いたり，現場を見に行って状況を把握することを想像する人が多いと思います。でもここでの取材というのはもっと広い内容を指します。

人に聞く，現場に行くこと以外にも，テーマについて資料（本、雑誌、新聞、統計、ウェブサイト）を集めて読む、自分がどういう意見・考えを持っているのかを考えてみるといったことも取材に入ります。大学の文章ではテーマについて資料を集めて読むことは，基本的な技術として求められます。

そこで，資料の特徴を少し整理したいと思います。みなさんにとって資料の中で一番馴染みがあるのはおそらくインターネット検索でしょう。ではインターネット検索にはどういう特徴があるでしょうか。

インターネット検索で調べるとき，キーワードを入れて検索すればすぐに何でもわかると思っている人もいるかもしれません。しかしインターネット検索で情報を集めるというのは案外高い技術が要求されます。たとえばインターネット検索を使って小学生が普段どれくらい勉強をしているのかについて調べるとします。このときGoogleなどの検索サイトを使って「小学生　勉強時間」などと複数のキーワードを入れて調べると思います。

もしみなさんの手元にパソコンやスマートフォンなどがあったらぜひ同じようにして調べてみてください。そして検索して出てきたページを見てみましょう。そうするとウェブサイトによって情報がバラバラなことが分かります。筆者の場合，1時間16分，1時間30分，1時間以上2時間未満などの情報が出てきました。どれが本当の数値でしょうか。

これらはどれかがウソとか捏造したということではありません。検索結果に出てくるウェブサイトをひとつずつ見てみると，いくつかの点で異なります。当然のことながら，こういった調査をするのは国だけではありません。教育関係の会社も多く調べています。つまり，調査の主体が異なります。調査の主体が異なると，対象も変わってきます。たとえば小学生の勉強時間だと学年，中学受験の有無により違いがありそうです。

こういった調査主体や対象による違いをわかったうえで検索しないと，誤った情報を持ったまま文章を作ることになります。たとえば今挙げた例には「地域」という要因が入っていません。中学受験をするかどうかで勉強時間が変わり，そして，地域により中学受験をする割合は違うので，勉強時間も変わってきます。

これらのことが物語っているのは，「検索をするためには，どういったキーワードで検索すべきかを知っていないといけない」もしくは「検索からより正確な結果にたどり着くには，検索結果からさらに調べていかなければならない」ということです。

資料を使いこなそう

インターネット検索で情報を集めるのも意外とハードルが高い面があることがわかりました。それでは，何を使って調べるとよいのでしょうか。ひとつ基本となるのが専門家が書いた本や雑誌です。

世の中には多くの本や雑誌があります。分類の方法は本当にさまざまですが，ここでは対象が一般なのか専門家なのか，また目的が丁寧に考察して結論を導くことなのか，ひとまずざっくりと理解させることなのかという点に注目してみたいと思います。そうすると，図10.1のようになります。

図10.1は非常にざっくりしています。たとえば新書の中には学術書顔負けの記述があったりしますし，百科事典の中には専門家寄りのものがあったりもします。そのため，あくまでひとつの見方だと思ってもらうのがよいでしょう。

これだけあるとどこから調べるのがよいか悩むことかと思います。ひとつおすすめできるのは「百科事典」です。百科事典は「専門家が短めに専門分野の用語を解説したもの」です。これであれば，文章が長すぎて読むのに時間がかかることもないですし，専門家が書いているので正確性がそれなりに保証され

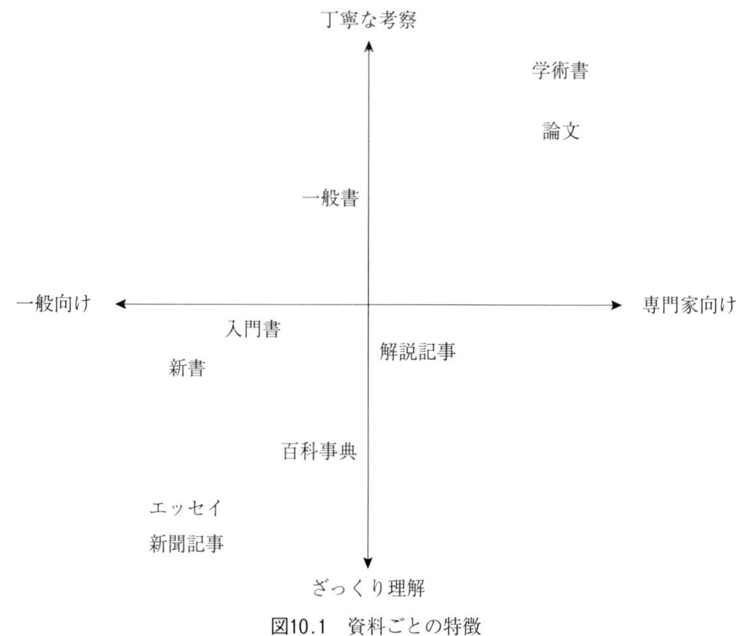

図10.1　資料ごとの特徴

（出所）　筆者作成。

ます。わからないことほど，百科事典を使って分野やキーワードに関する基本的な知識を得ていきましょう。

ちなみにインターネットを使う人にはおなじみのウィキペディアも，ウェブ上の百科事典を目指したものです。ただし，書いた人が必ずしも専門家とは限らない点には注意が必要です（それでも信頼できる記事もそれなりにあることは確かです）。百科事典を読み，ある程度の専門用語を知ると，インターネット検索も効率よく進みます。

新聞記事やエッセイは専門的な内容をかなりかみ砕いて説明しているので，わかりやすい反面，専門的な目で見ると正確さに欠ける記述があったりします。分野にもよりますが，学術誌や準学術誌には解説記事が出ることもあるので，そういった記事を次に見てみるのもいいでしょう。

本の場合，新書や文庫と呼ばれるジャンルが導入によいとされます。これは小さめのサイズになっている150頁から200頁前後の本です。専門家が専門的な内容を一般向けに解説しているものが多く刊行されています。新書・文庫はシリーズがあり，「岩波文庫」「ちくま新書」「講談社ブルーバックス」「光文社新書」などが有名です。

本も専門家向けと一般向けがあり，どういったものを選ぶのがよいか，なかなか難しいところがあります。このとき，ひとつの基準として，参考・引用文献リストがあるかということが挙げられます。

参考・引用文献リストというのはその本で参考にされていたり，引用されている文献をリストにしたものです。リストの書き方はさまざまですが，本であれば各章の終わりや巻末にまとめて掲載されていることがほとんどです。

知的な営みは「巨人の肩に乗る」と言います。これは研究が完全にオリジナルなことをやるのではなく，これまで先人が積み上げてきた内容に少し足すということの繰り返しなのだということです。本も１冊を通して完全にオリジナルな内容で書くことは難しく，必ず何らかの本を参考にしています。この基準を使うことで，学術的に参照すべきものを選ぶことができます。

本を手に入れよう

書く対象のキーワードがわかってきたら，それらを使って資料（本や論文，記事など）を探します。本や論文の検索サービスは大学図書館のサイトにまとめられていることが多いのでそれを活用しましょう。第５章の第３節に検索一般についてまとめられているので，ここでは本や論文を探すことに特化して解説します。

本の購入にはお金がかかり，とくに専門書は１万円近くする高額なものも多いので，図書館を利用します。図書館にはOPACと呼ばれる検索サービスが整えられています。OPACでキーワードを入れると，そのキーワードがタイトルになっている本や，キーワードについて書かれた本が検索されます。ただしこれはOPACの仕様によっても変わるので注意が必要です。

とくにキーワードについて書かれた本を探すときには他の書籍検索サービス

を使うことも考えましょう。たとえばGoogle Booksを使うと本の中身も一部検索でき，キーワードに合う文章を見つけることができます。この他にたとえば紀伊國屋書店やジュンク堂書店といった書店の検索サービスでキーワードを入れると，タイトルにその言葉が入っていなくても，キーワードの内容を扱った本が検索できます。

読んだ方がよいと判断できる本を見つけたら，それらはなるべくすべて手にすることが望ましいです（「全てを通読する」ということではありません）。本の入手には図書館を活用するとよいでしょう。まず大学の図書館で所蔵しているかをOPACで確認します。所蔵している場合は所在（何階のどの棚にあるか）を確認して本を手に入れます。ただし，本によっては閉架書庫や教員の研究室など，学生が簡単には入れない場所に置かれていることがあります。その場合は図書館の指定する方法で本を手に入れます。

自分の大学の図書館に探している本がないときでも手に入れることはできます。大学図書館には図書館間相互貸借サービス（ILL）と呼ばれるしくみがあります。これは大学図書館を通じて他大学の図書館にある資料を郵送して貸し出すというものです。つまり，日本のどこかの大学に所蔵されている本ならば，その本が手に入るということになります。ただし，貴重書など一部に例外はあります。

相互貸借は図書館によって無料か有料かが異なります。また，すぐにみんなが使えるのではなく，研修を受けた人だけが使えることもあります。自分の大学の図書館のサイトで調べておきましょう。

このように図書館を使うことで，自分の大学にない本も手に入ります。ただこういった相互貸借は時間もかかるので，それを考えると時間に余裕を持って準備する必要があることがわかります。

本からキーワードを探そう

本を読むというと，手に入れた本は最初から最後まで目を通さないといけないと思う人がいますが，必ずしもそうではありません。それをわかっておくために，少しだけ本の書かれ方を説明します。

本には大きく分けて単著と共著があります。単著は1人が全体を執筆した本を指します。多くの人が想像する「本」もおそらくこれでしょう。共著は複数人で執筆された本です。

共著の場合，担当箇所が明確に示されている場合と示されてない場合があります。担当箇所が明確な共著であれば，特定の著者の書いた部分だけ読めばよいこともあるでしょう。

検索サービスを使ってキーワードの内容が書かれている本を見つけ，手に入れたら，目次や索引を利用して該当部分を見つけます。目次は本の最初の方に書かれているものなのでわかりやすいと思います。索引は本の最後にある，キーワードが含まれる文章が本のどこに書かれているのかを示した一覧表です。

分担執筆で書かれた本の場合，章ごとにトピックが大きく分かれていることも多く，キーワードが特定の章に集中的に書かれていることもあります。この場合，他の章はひとまず置いておき，ターゲットとする章を決め打ちすることもできます。

探す本が多くなるとどこに何が書いてあるかわからなくなることがあります。これを防ぐのはけっこう難しく，いまだに筆者も記憶を頼りに同じ本を読みなおして情報を探すことがあります。もう少し効率的にやるなら後に書いたOCRを活用するとよいでしょうが，時間がないときはひとまずキーワードを見つけて「使えるかも」（この「かも」が大事。「確実に使える」必要なんてひとつもありません！）と思ったところに付せんを貼りつけます。

付せんがあるだけで，あとで探すときにかなり効率がよくなりますし，記憶に残りやすいです。付せんは色が豊富にあり，大事そうなところはピンク，一応メモするところは黄色のように区別する人もいますが，まずはあまり考えずに貼りつけてもいいと思います。このとき大きめの付せんに「定義」とか「ちょっと参考になりそう」とか一言メモを書いておくのもよいでしょう（本を返却するときに剝がすのを忘れずに）。

論文を探そう

特に高年次になると論文を読む必要が出てきます。2020年頃から日本の学術界では「オープンサイエンス」と呼ばれる動きが見られるようになりました。これは研究のデータや成果に誰でもアクセスできるようにしようという考え方です。

読者のみなさんにとくに関わるのが「オープンアクセス」です。オープンアクセスとは，論文の完成版（編集されたもの）や提出原稿を誰でもダウンロードできるようにしておくことです。

日本語で書かれた論文だと，CiNii Research（サイニー・リサーチ）（https://cir.nii.ac.jp）やGoogle Scholar（https://scholar.google.com/）を通じて入手できることが多いです。多くの大学にはそこの研究者の論文をダウンロードできるようにした機関リポジトリというシステムが導入されており，論文を個別に検索ができるのですが，CiNii ResearchやGoogle Scholarはそれらを一括で検索できます。

論文を探すときのキーワードの設定にはいくつかコツがあります。まず，表記に気をつけます。たとえば「セリフ」という言葉は「台詞」のように漢字でも書かれますし，「せりふ」のような平仮名でも書かれます。場合によってはこれらの表記の違いを無視して検索することもありますが，注意を払っておいたほうがよいです。

同様に同義語・類義語がないかにも気をつけます。たとえば「生活」という言葉は「くらし」のように言い換えて使われることがあります（さらに漢字の「暮らし」もあることに注意しましょう）。類義語は電子辞書やウェブ上の類語辞典などを使ってある程度調べることができますが，専門分野内での言い換えはいろいろな本や論文を読んでいく中で覚えていくのが最も近道です。

今はウェブ上で入手できる論文が非常に多くなりましたが，おおよそ2000年以前に刊行された論文はウェブ上では手に入らないものが多いです。これらは冊子になっている雑誌（学術雑誌）にのみ収録されています。

学術雑誌も多くの大学図書館にあります。ただ，図書館によってどの雑誌が所蔵されているかはかなり異なります。たとえば人文系に強い大学では，理数系の雑誌が少ないことが多いです。また，新しい大学には雑誌の古い巻号が置いてありません。

ただ，論文も本と同じく相互貸借に似たしくみがあり，少し時間をかければコピーを手に入れることができます。このサービスを使い，なるべく多くの論文を手に入れるようにしましょう。

コピーやOCRを活用して自分だけの図書館を作ろう

探した本や論文はパソコンに保存しておきます。2000年以降の論文は多くが電子ファイルになっているのでこれを保存するだけですが，本は多くが紙です。本は必要な部分を論文のように電子ファイルにしておくことをおすすめます。

紙から電子ファイルにするにはスキャナを使います。スキャナは大学の情報機器（パソコン）のある部屋などに置かれていることが多いです。スキャナを使うときはOCRという機能を一緒に使いましょう。OCRはスキャンした頁に含まれる文字を機械が読み取り，画像ファイルに一緒に記録する機能です。機械の読み取りなので誤りもありますが，精度の優れたものが非常に多いです。OCRで文字を読み取っておくと，後から欲しい情報をパソコン上で検索して探すことができ，作業が効率的になります。

手に入れた論文や本のコピーはすべて１つのフォルダに入れておきます。このときファイル名も何か規則的につけておくとファイル名から必要な資料を見つけることができるので作業が効率的になります。たとえば筆者は「Kitaboshi-2017-大学生の学習法.pdf」のように著者名，刊行年，論文のタイトルや概要（キーワード）という３つの情報をファイル名に入れています。

ただし，著作権法により，コピーやスキャンできる分量は本全体の半分以下となっているので，注意してください。

3　文章を書きこなすための習慣づけ

長文は１日にしてならず

文章の書き方やルール，コツはいくつかあります。さらにジャンルや分野によっても異なるところがあります。大学以降で書く文章に求められるのは論理性と明快性です。言い換えると「筋が通っていて，わかりやすい」ということです。大学で書く文章でこの条件を最も満たすのがレポートや論文です。だからこそ，多くの大学でレポートの書き方を扱う授業があります。

レポートの書き方を説明するとき，パラグラフ・ライティングや，文章の構成，話し言葉と書き言葉の違いなどの項目を解説することが一般的です。レポートに限らず文章の書き方や技術は，いくつかのポイントに分けて説明することはできますし，実際世の中には多くの文章読本があります。もちろん知識としてそういったポイントを知っておくことは文章を書くうえで財産になるでしょう。しかし，それらを自分の文章に活かす，言い換えると血肉化するためには，日常的に文章を書き，できたら読んでもらうことが大切です。

以下では日常的に文章を書くうえで習慣にしたい事柄を紹介します。なお，これらの作業はトレーニングとしても使えますし，取材と並行してレポートを含む様々な文章を仕上げていく過程でも使えるものです。

フリーライティングによる「書く体」作り

レポートのような論理性の高い文章を書くときは，「アウトライン」と呼ばれる文章全体のどこにどういった内容を書くのかを箇条書きしたものを作り，それぞれの箇条書きの項目を膨らませ，大きな文章にしていくことが推奨されます。その一方で，少しずつ膨らませるという方法が合わないこともあります。また，そもそも必要な項目を出すことが難しいと感じる人もいます。

そこで「フリーライティング」という方法を紹介します。フリーライティングは「５分から15分で休むことなく書き続ける」というものです。本章の冒頭では悪い文章を書く方法として「特にテーマについて調べず，思いつくままにとりあえず字を埋めていく」ということを挙げました。一見するとフリーライティングはこれに当てはまるように思えますが，みなさんはすでにテーマについてある程度は調べているのですから，これには当てはまりません。また，詳しく調べる前だとしても，ここで書いたものを最終版にするわけではないので，心配する必要はありません。

フリーライティングにはいくつかポイントがありますが，重要なことを３つに絞って取り上げます。まず，「書いている間は編集しない」ことです。書いていると誤字脱字もありますし，もっとよい表現が出てきそうと思うこともあります。しかし，この段階ではとにかく書き進めることだけに集中し，直すことは脇に置いておきます。次に，「止まらないで書き続ける」ことです。場合によっては書くことがないと思い手が止まることもあります。しかし，そういう場合であっても例えば，「もう例が思いつかない」とか「○○のことがわからない」とか「書くことが思いつかない」ことの詳細を書いていきます。最後に，「時間が来たら必ずやめる」ことです。書いていて少し物足りないかなというぐらいが理想的ですし，10分だったら10分という決まった時間で自分がどれくらい書けるものなのかという感覚を得られれば十分です。

時間が来たら書きあがったものを見直し，推敲してもよいでしょう。フリーライティングで書いたものは思ったほど最後まで残らないかもしれませんが，書くためのヒントは得られると思います。また，後で出てくる「アウトライン」の形に整理するという手もあります。一方，推敲せずにただ保存しておくだけでも後のためになるのでよいと思います。

フリーライティングは課題のないときでも適当にお題を設定してやってみることをおすすめします。フリーライティングをすることで書くことの敷居が下がり，また，定期的に書くことにもつながります。何も思いつかない人のためにお題のサンプルをいくつか挙げておきます。そのまま使ってもよいですし，慣れたらアレンジしてみましょう。

- 今日／１週間にあったこと
- 今月／今週中にやりたいこと
- 目の前に見えるものを細かく描写
- 音楽／運動／文学／ゲーム
- 電車とバスの共通点と相違点
- 辞書を引いて目に入った言葉

フリーライティングはきちんとした文章を書くというより，その前段階として，書くことへの敷居を下げることで，書くための体を作る機能があります。そのため，出来上がったものの良し悪しを考えないことも大事です。

書き出しライティングによる抽象度の意識化

フリーライティングのように全体の出来映えを気にしない書き方がありますが，論理的な文章の書き方や書く経験は大学生の間に身につけておきたいものです。ではそもそも「論理的」とはどういうものを指すのでしょうか。論理にはいくつかの形や方法がありますが，ここでは基本的なものとして抽象度の違いを取り上げます。

抽象度という視点からは，仲間とそうでないものの区別ができます。たとえば，「Ｔシャツ」「浴衣」「ジャケット」「振袖」はいずれも「服」というカテゴリーに入ります。このとき「服」は「Ｔシャツ」「浴衣」「ジャケット」「振袖」よりも抽象的ということになります。抽象的なカテゴリーに分けることで，たとえばここに「サンダル」は含まれず，異なるカテゴリーに入ることがわかります。

また，カテゴリーはいくつもの階層になっており，今の例では「Ｔシャツ」「ジャケット」と「浴衣」「振袖」はそれぞれ「洋服」「和服」に分かれます。こういった抽象度の階層を意識することは論理的な文章を書くときに重要なことです。ここでは，「書き出し」を書く練習を「書き出しライティング」と名付けて紹介します。

「書き出し」は文章を書くときに時間がかかる部分の一つです。おそらく小学校で作文を書いて以来，文章を書くことが苦手な人の多くは「書き出し」をどうすればよいのかわからないと思っていることでしょう。しかし，小説などとは異なり，レポートのような論理性の高い文章では書き出しを作るのに一定の方法があります。

文章の目的は中心となるメッセージ（要点）を伝えることです。レポートを例にすると，レポートで求められる課題が観察結果の報告であれば，観察したものに見られた特徴が要点になりますし，設定された問いに答えを出すことなら，答えにあたる主張が要点になります。

書き出し部分の役割は，テーマの背後にある事柄（背景）を説明することです。文章全体の冒頭部分の流れは，背景を説明したうえで，何らかの問いを設定し，要点を予告します。つまり，序論全体として，背景→目的（問い・要点）という流れがあるわけです。

背景を書くにはテーマに関する知識がとくに要求されます。このテーマに関する知識を交えてテーマに関して問題になっている事柄の詳細を説明します。少し長くなりますが例を示します。

> 近年，様々な場面で無意識の思い込み（アンコンシャス・バイアス）が話題になっている。例えばアニメ「名探偵コナン」では離島に行った探偵が診療所の前で出会った白衣を着た女性を「看護師さん」と呼んでしまい，「医師です」と言われる場面があった。これは「女性で医療従事者は看護師」という思い込みによるものである。同様のことは翻訳にも見られる。2000年代から2010年代に陸上の短距離走で活躍したウサイン・ボルト選手がインタビューで“I am No. 1.”と言ったのに対して「オレがナンバー1だ」のような訳がついていたが，英語の I に対応する日本語には他にも「わたし」や「わたくし」「ぼく」などがあるにも関わらず「おれ」が選ばれたことには，「力強さ」や「男らしさ」を言葉で体現させようという意図があったことが指摘されている（太田 2009）。このような特定の話者像（キャラクター）と結びついた言葉を役割語（金水 2003）と呼ぶが，役割語に対する違和感の度合いには，どういった社会階層的な要因が関わるのだろうか。

この例ではまず「無意識の思い込み」が話題になっていることを述べたうえで，アニメ作品を例に挙げて理解を促し，レポートが対象とする言葉の問題を翻訳を例に挙げて導入しています。このように背景部分は徐々に問題となる事柄へ進むのがひとつの形です。こういったイメージを持ちながら，「テーマに関する一般的な問題は何か」「どういった例があるか」を配置することで，背景はできていくでしょう。

これを抽象度の点から捉え直すと，抽象度の高い一般的な事柄からはじめ，徐々に具体性が増すように展開されています。

(1) テーマに関する一般的な事柄（無意識の思い込みが話題になっている）
(2) 具体例による問題の絞り込み（名探偵コナン，ウサイン・ボルト）
(3) 問いの提示（役割語への違和感と社会階層に関係はあるか）

このように，抽象度を意識したライティングを行い，論理性の高い文章に対応できる体を作り上げていきましょう。

アウトラインによる整理力養成

文章を書くときには，テーマについてある程度調べたら，文章に盛り込む項目を箇条書きにして書き出し，それらを整理（追加・削除）しながら文章全体の構成を作り上げていく方法が一般的です。この文章全体の構成を箇条書きにして書いたものを「アウトライン」と呼びます。

アウトラインを書くことによって，内容について不足しているものがわかりますし，論理や流れに違和感があるときに，組み替えかたを検討することができます。内容に不足があるときはそれをさらに取材によって補います。もちろん書き始めてから追加で調べることもできますが，時間に余裕のあるうちにしておくにこしたことはないでしょう。

アウトラインを作るには文章全体の構成について少し理解しておく必要があ

ります。文章構成は分野によって異なるところがありますが，基本的なものは，序論・本論・結論という3パートで構成されたものです。なお，調査や実験を主とする分野では序論・方法・結果・考察のように4パートになっていることが多いです。

3パートの構成の場合，序論でテーマに関する背景，文章全体の目的（問い）を提示し，本論で具体的にテーマについて述べ，結論は本論の内容を振り返ります。4パートの構成でも序論の役割は変わりません。方法では実験や調査の方法を詳しく述べ，結果は実験や調査の結果を記述します。考察は序論で述べた目的について結果からどう解釈できるかを述べます。

アウトラインを書くときには，それぞれのパートごとに必要な項目を順番に埋めていくこともありますし，思いついた項目をどんどん書いていくこともあります。自分に合ったスタイルで書いていくのがよいでしょう。

先ほど紹介した「背景」の例をアウトラインの形で記すと次のようになります。

- アンコンシャス・バイアスが話題になっている
  - 名探偵コナン
  - ウサインボルトの翻訳
    - 例：I を「おれ」と訳す
  - 話者像結びついた言葉＝役割語
  - 問い：役割語への違和感の大小に社会階層的な要因が関わるか？

アウトラインではグループごとに必要な項目をまとめることも大事です。これを階層化と呼びます。階層化は抽象度を用いて，具体例のような細かい・下位にあたる抽象度の低い（具体性の高い）情報を右に少しずらして書きます。

アウトラインは自分で文章を書くときのほかに，上のように読んだ文章をまとめるときにも作ってみることをおすすめします。文章によっては論理の流れがわかりづらいものも多くあります。付せんを貼ることでどこに何が書いてあったのかを整理する方法もありますが，きちんと読む（精読する）と決めた文章については，箇条書きの形で何が書いてあったのかを整理することで，より理解が深くなりますし，自分が文章を書くときのためのストック的な知識にもなるでしょう。

第 11 章　口頭で伝える，表現する

——話す力はセンスじゃなくスキル！

本章では「話す」というコミュニケーションを中心に，大学生活で役立つ，また活かしてほしい情報をお伝えします。ここに書かれてある内容を理解しても，すぐに話せるようになるわけではありません。大学生活のなかでトレーニングしながら，少しずつ身につけていきましょう。

1　最初に伝えたいこと

「おしゃべり」以外の話す力を身につけよう

日常生活で「話す」行為のほとんどは，家族や友人と行う「おしゃべり」でしょう。雑談と言い換えてもよいかもしれません。おしゃべり（雑談）は人との交流を豊かにしてくれるものですが，他にもさまざまな「話す」が存在します。大学生活や仕事をするときに必要な「話す」というコミュニケーションを種類別に説明します。

- おしゃべり（雑談）／親しい人同士の気軽な話，とりとめのない話
- 対話／それほど親しくない人同士の情報や思考の交換。もしくは，親しい人同士で考え方が異なるときにおこなうすり合わせ。
- グループディスカッション（議論）／あるテーマに対してメンバー同士が意見を述べ合い，結論を導き出すこと。
- ディベート（討論，対論）／異なる視点から物事を思考し，意見を述べ合うこと。ある事柄について対抗して話し合うこと。
- プレゼンテーション（発表）／自らの考えを他者が理解しやすいように伝え

ること。会議などで複数人に向けて説明すること。

おしゃべり（雑談）は日々の生活で経験することができますが，それ以外の「話す」行為は，意図的にトレーニングしなければ身につきません。大学の授業や課外活動などを通してトレーニングする機会を得ていきましょう。たとえば，授業ではグループ学習や課題発表を通して，自らの考えを伝えたり，表現したりできます。サークルやボランティアでは，活動方針や計画を決めるためにメンバーとの対話や議論を経験することが可能です。大学生活におけるトレーニングする機会を活用して，話す力を身に付けましょう。

大切なのは「センス」ではなく「スキル」

「人と話すことが苦手」「口下手なんで上手く話せない」。こうした言葉をよく耳にしますが，話すという行為を難しく考えすぎているのかもしれません。人の気を引く話術で，相手を楽しませることができる，大勢の前で理路整然と格好よく意見を述べることができる，こうした一流のプレゼンターほどのトーク力を身につけるのは，たしかに至難の業でしょう。先天的なセンスがものを言うのかも知れません。でも，大学生活や仕事で求められる「話す」行為に，そこまでのセンスは必要ありません。後天的なトレーニングで獲得できるスキルがあれば充分です。

話すスキルを身につけるとき，役に立つのは「型」や「テクニック」です。知識として理解するのは容易いですが，すぐにできるようになるわけではありません。水泳の教本を隅から隅まで熟読しても泳げないのと同じように，実践を重ねてトレーニングしていく必要があります。「わかる」と「できる」は違います。だからこそ，話す力の獲得には時間がかかります。大学生活のなかで，少しずつ話すスキルを身につけていきましょう。

話し方に「正解」はない

話すときに役立つ「型」や「テクニック」はあるが正解はない，ということも覚えておいてください。最も大切なのは，伝えたい内容が相手に届くことです。その相手は自分とは違う価値観を持ち，異なる立場にあります。多様な「相手」に向けて話すわけですから，こう話せば大丈夫！といったすべてに当てはまる正解があるわけではありません。

たとえば，「朝９時にＡ駅に集合」という内容を伝えたいとき，相手が大人であれば，そのままを発話すれば問題ないでしょう。でも，電車に乗り慣れていない小学生だったら，Ａ駅までの経路を調べて，最寄り駅の発車時刻とＡ駅の到着時刻といった情報も伝える必要があります。「話す」という行為は，言葉を正確に伝えるだけでなく，含んでいる意図を理解したうえで，よりよく相手に届ける配慮が必要です。それゆえ，相手次第で適切なアプローチが異なります。大学生活では自分と考え方や立場が異なる人との交流機会をたくさん持ちましょう。多様な他者を知るという経験が，あなたの話すスキルを下支えし，高めていってくれるはずです。

話すときの事前準備

伝えたいことがあるから話す。こうした意図のある「話す」行為には，ちょっとした準備が必要です。まずは，目的を明確にしましょう。これから行う「話す」行為の目的は相互理解なのか，励ましなのか，説得なのか。話し終えたとき，相手がどんな状況や気持ちになっていることを目指すのか。ゴールのイメージを持つことで，目的は明確になるでしょう。

次は，聞き手を理解することです。どんな知識を持ち，どんな言葉が通じやすい相手なのか。届きやすい話し方は相手を敬う敬語か，親密さを強調した友達口調なのか。聞き手の年齢や自分との関係性，立場や役割などを考慮する必要があります。

最後に，話す材料を準備します。目的と相手を意識しながら，具体的に話す内容や構成を考えましょう。「型」や「テクニック」は，ここで活かせます。

事前準備を整えたら，あとは実践あるのみです。早速トレーニングを始めましょう。

2　2つの「型」で話してみよう！

便利に使える2つの「型」

ここでは2つの「型」を説明します。1つは自分の主張をわかりやすく相手に伝える「PREP法」と呼ばれるものがあります。もう1つは「ホールパート法」と言い，複数の要点を端的に伝えることが可能です。社会人向けの研修でも教える型なので，アルバイト先で報告をしたり，就職活動で社会人と話したりするときにも役立つでしょう。授業内のグループディスカッションやゼミでの発表，部活のミーティングなど，大学生活で活かす機会も多くあります。どんどん活用してトレーニングを積んでください。

かなり汎用的に使える2つの型ですが，親しい友人とのおしゃべりには不向きです。仲間内で気軽に言葉を交わし合い，共感メインの心地よい交流は，型のないおしゃべりならではのものです。すべてに使える万能な話し方は存在しません。目的に応じて，使い分けることを大切にしましょう。

PREP法の使い方

「Point（要点，結論）」「Reason（理由）」「Example（具体例）」「Point（要点，主張）」の頭文字をとってPREP法と呼ばれます。最初に結論を述べて，根拠となる理由を伝えたら，相手が納得するような具体例を挙げていきます。最後に，自らの主張を述べて終了です。

この型の最大のメリットは，最初に結論を述べることによる聞き手の負担軽減です。話を最後まで聞きながら，文脈を読み解き，言いたいことを察する必要がありません。また，理由や具体例の説明によって説得力や信憑性が増すので，理解が深まります。型通りに話せば，話の途中で迷子になることもありません。話している途中で何を伝えたかったのかわからなくなったり，聞き手から「つまり何が言いたいの？」「何でそう思うの？」と言われたりしたら，PREP法が役に立つでしょう。自分の主張が相手に伝わりやすく，円滑な意思疎通ができる型と言えます。

〈PREP法の具体例〉

- Point（要点，結論）
  →私の好きなものは海外旅行です。
- Reason（理由）
  →なぜなら，他国の文化や習慣を体験することができるからです。
- Example（具体例）
  →たとえば，日本で○○は日常的に見る光景ですが，A国で見かけることはほとんどありません。B国では文化的な背景によってタブー視すらされています。それ以外にも……
- Point（要点，主張）
  →自分や自国の考え方が絶対ではないことを体験して，自らの固定観念に気付くことができました。今後も多くの国を訪れたいと思います。

PREP法は最初に結論を持ってくるので，言いたいことを端的にまとめる思考力が必要です。普段からニュースを見て「つまり○○だ。なぜならば～。たとえば～」などと結論・理由・具体例の順で思考を組み立てるトレーニングをするとよいでしょう。あえて自分の意見とは異なる主張を結論にして，理由と具体例を考えてみるのもよいトレーニングになります。

ホールパート法の使い方

最初に「ホール（whole，全体）」としてテーマと伝えたい内容の数を示し，次に「パート（part，部分）」として複数の事柄を1つずつ説明していく方法です。

〈ホールパート法の具体例〉

• ホール部分

○○という課題の解決策として３つのアプローチがあると考えます。それをＡ案，Ｂ案，Ｃ案としてまとめました。

• パート部分

Ａ案は～という内容で，即時性はあるものの費用がネックとなります。

Ｂ案は～という内容で，費用面の問題はありませんが効果が出るまでに時間がかかります。

Ｃ案は～という内容で，効果や費用の問題は解決できますが，環境への影響が考えられます。

パート部分で伝えるのは３つから５つ程度が適切でしょう。それ以上になると，聞き手の負担が大きくなります。最初に要点の数を伝えるので，「３案あるんだな」と聞き手の準備が整います。頭のなかで１つひとつを整理しながら聞くことができるため，比較検討や理解が進みやすいというメリットもあります。

要点となるパート部分をいくつにして，どんな内容を盛り込むかが，この型の肝と言えます。日頃から，伝えたい内容を整理することを意識しましょう。箇条書きでメモをとる習慣も有効です。PREP法と同様に，思考力を鍛えるトレーニングになるはずです。

３　話すときの「テクニック」

相手は何も知らない

話すときに忘れてはならないのは，「相手は何も知らない」ということです。昨日あった面白い出来事を誰かに伝えたいとき，事象だけを話しても伝わるとは限りません。感覚としての面白さを理解してもらうには，特定分野の知識が必要かもしれないし，伏線となる別の体験も伝える必要があるかもしれない。

あなたが伝えたいことを，自分の視点だけで語っていては，独りよがりな話になりかねません。

相手は何も知らない。この前提をしっかりと認識して，話す内容や伝える順番などを工夫する必要があります。役に立ちそうなテクニックをいくつか紹介するので，必要に応じて活用してください。

前提をそろえる

異なるフィールドで生活していれば，持っている知識や経験には違いがあります。たとえば，出身高校が同じなら一言で通じる学校行事でも，違う高校の相手には説明が必要になります。同じサークルメンバーだけで通用する言葉なども同様です。相手のフィールドを理解して，伝えたい内容を届けるために必要な前提を揃える必要があります。

グループディスカッションであるテーマについて議論する際，テーマに関する知識量に大きな差があっては，よりよい話し合いが成立しません。まずは，持っている知識を共有して，話し合いの土台を整える必要があります。お互いの前提が揃っていれば，あなたが伝えたい内容がゆがむことなく，相手に届きやすくなります。

大きなことから小さなこと

話すときの順番は「大きなことから小さなこと」を意識しましょう。「木を見て森を見ず」という諺があります。「事物の末梢的部分にこだわりすぎて，本質や全体をとらえられないことのたとえ」（『大辞林』（第三版）より）です。話すときも，いきなり末梢部分から入っては，相手は何の話をしているのか全体像がつかめず困惑してしまいます。

例えば，「AよりBがいいよね」といきなり言われても，何の話をしているのか相手は戸惑うでしょう。でも，「商品の品質で言えばAよりBがよい」と言えば，「これは品質についての意見交換なんだ」と話の意図が理解できます。「森（全体，大きいこと）から木（末梢，小さいこと）」という順番で語ることで，相手と円滑なやり取りができます。

ズレにくい言葉選び

「三角形を書いてください」と10人に伝えて，10人全員が同じ三角形を書くことはありません。細長いものや平たいもの，走り書きの人もいれば，定規を使って丁寧に書く人もいるでしょう。でも「一辺が５㎝の正三角形を書いてください」と言えば，ほぼ同じ三角形が10個描かれるはずです。

正確に物事を伝える必要があるときは，ズレの少ない言葉を選びましょう。「夕方に会おう」ではなく「午後５時に会おう」「本を取って」ではなく「数学Ⅰの教科書を取って」など，数字や固有名詞は相手とのズレを少なくしてくれます。また，「子供が～」より「娘が～」と言えば女性という情報が加わりますし，「次女が～」と表現すれば，さらに多くの情報を相手に伝えることができます。それぞれの単語に内包されている情報量が異なるので，正確性を要するときは，言葉の選択にも留意すべきでしょう。

ズレにくい言葉は，学問のなかに数多く潜んでいます。学びながら効果的な語彙を増やしていくことを目指しましょう。

理解しやすい具体例や比喩

「丸を３つ書いてください」という説明では，○をランダムな位置に３つ書く人もいれば，等間隔に離して書く人もいるでしょう。では，「串刺しの団子をイメ ジして」という説明を付け加えてみます。すると，多くの人が３つの○を一列に並べて書くはずです。

この説明では，「串刺しの団子」という具体例が，レイアウトを伝えるときの比喩として機能しています。自分の頭のなかにあるイメージを相手に伝えたいときに，具体例や比喩は有効です。上手く使えば，圧倒的に少ない語彙でスムーズに物事を説明することができます。

気を付けてほしいこともあります。「ひし形をアーガイル柄のように並べて書いて」と言われても，手が動かない人が多いでしょう。アーガイル柄という言葉がさほど一般的でないため，比喩として機能しにくいのです。でも，編み物が趣味の人には問題なく通用するはずです。用いる具体例や比喩は，相手にとって分かりやすいものでなければなりません。聞き手が小学生なのか，特定の分野に精通している人なのか。相手を理解したうえで，適切な言葉を選ぶようにしましょう。

データで説得力アップ

分かりやすい説明をしても，相手が納得してくれるとは限りません。より説得力を高めたいときは，データの力を借りましょう。データは話し手の主張を裏づける根拠として，強力にバックアップしてくれます。

たとえば，「多くの若者が大学に進学している」よりも，「文部科学省調べの『学校基本調査』によれば2021年度の大学進学率は54.9％で，過半数の若者が進学している」と伝えた方が，相手の納得度は高まるでしょう。データを引用する際は調査元に配慮が必要です。公的調査など，社会的に信頼性の高いものでなければ効果は期待できません。

データの解釈にも正確さが求められます。「厚生労働省の調査によると，大卒の新入社員は３年で３割が辞める」というデータ（厚生労働省（2022））があります。これは早期離職を問題視する文脈でよく使われるフレーズです。たしかに事実ですが，「この数字は20年以上も変わっていない」という別の事実を加えると，ずいぶん解釈が違ってきます。自分の主張に都合のよい部分だけを切り取り，相手の誤解を招くような使い方は避けましょう。データは強い説得力を持つからこそ，正確に数字の意味を理解して利用する必要があります。

4 第一印象を整える５つのポイント

第一印象を整える意味

話すときに，なぜ第一印象を気にしなければならないのか。そんな疑問を抱く人がいるかもしれません。たしかに，型とテクニックを使い，正確にわかりやすく話せば，情報としての伝達は可能でしょう。でも，人は情報だけでものごとを判断するわけではありません。信頼できそうか，誠実そうか，本気なのかなど，話し手が与えるあらゆる印象との足し算で，伝達内容を解釈していきます。つまり，第一印象によっては「言いたいことは理解したが信用できない」と拒絶されてしまう可能性もあるわけです。あなたが話した内容を無駄にしないためにも，第一印象を整える必要があります。

だからといって，あまりナーバスになりすぎなくてもよいでしょう。長い時間を共に過ごして，初めて見えてくる人間性もあります。たかが第一印象，されど第一印象。この程度のスタンスで受けとめ，初めて会う人に，あなたの印象がマイナスからスタートしないよう，整えられる部分は整えておきましょう。逆に言えば，第一印象だけで相手のイメージを決めつける態度は避けるべきです。人との信頼関係は，時間をかけてゆっくりと形成されていくものです。

第一印象に大きな影響を与えるノンバーバル（非言語）コミュニケーションを中心に，話すときに意識してほしいことを説明します。

相手を安心させる「表情」

基本の表情は「笑顔」です。笑う（laugh）必要はありません。初対面という緊張する場面で笑うのは難しいですし，そもそも相応しくありません。口角（唇の両脇の部分）を上げたときの表情，笑顔（smile）が初対面の相手に最もふさわしい表情です。

シンプルな表情イラストで説明しましょう（図11.1）。口角に上下がない無表情を基準にして，口角を上げると笑顔になります。口角を下げれば緊張や怒り，不安といった印象になりますし，口元を弛緩させ，あんぐりと口を開けば，驚きや呆れを表現できます。口角以外は一切変えていません。口元を意識するだけで，これだけ表情を変化させることができます。

初対面では，自分だけでなく相手も緊張しています。意識して表情をコントロールしなければ，お互いに口角が下がり気味の表情になりかねません。だからこそ，相手の警戒心を解き，安心させることができる笑顔が最適なのです。

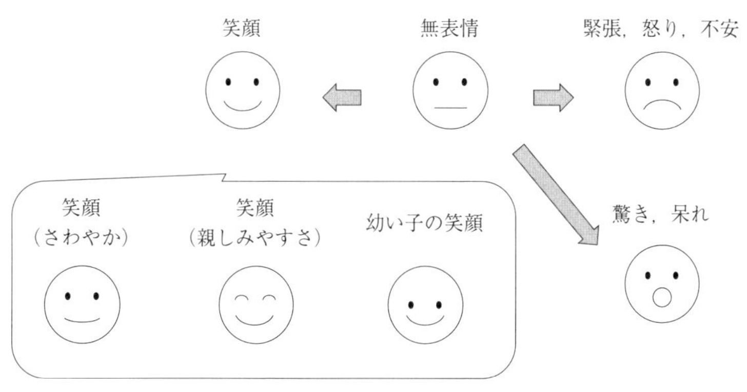

図11.1　表情イラスト

（出所）　筆者作成。

笑顔にもさまざまなバリエーションがあります。さわやかな笑顔を届けたいときは，口角を上げすぎずに「きりりっ」といったイメージを大切にしましょう。親しみやすさを強調したいときは，口角をグッと上げ，目元を緩めて「ニッコリ」を意識してみてください。

幼い子の笑顔は，愛らしさが強調されているように見えます。この表情は「笑顔」の目の位置を下げたものです。顔のパーツを下側に寄せると，幼い印象を与えることができます。アゴを引き，上目遣いに相手を見るしぐさは，この効果を利用しています。幼さを演出して，相手の庇護欲を高めているわけです。対等な立場で相手と話し合いをしたいときには，不向きな笑顔と言えるでしょう。相手や場の目的に相応しい表情を意識する必要があります。

表情は表情筋によってつくられます。筋肉ですから鍛えないとスムーズには動きません。自然な表情をつくるため，口角を意識した自分らしい笑顔の練習をするとよいでしょう。

適切な「視線」配り

「話をするときは，相手の目を見て話すように」。よく聞かれる言葉ですが，半分は正解で，半分は間違いです。たしかに，相手に視線を向けることで，アイコンタクト（視線を合わせること）の量は増えます。適度なアイコンタクトが

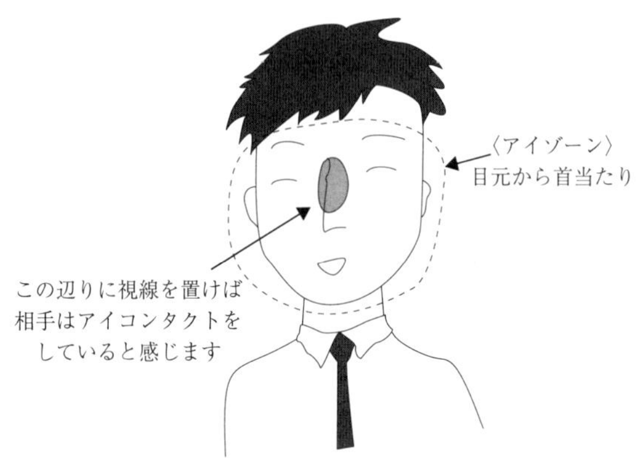

図11.2　アイゾーンとアイコンタクト
（出所）　筆者作成。

相手の会話満足度や肯定的な評価を高めることもわかっています。目を見て話す必要性は高いでしょう。しかし，過剰に視線を合わせる「凝視」は，威圧感や気詰まりを与えてしまい，逆効果となります。話している時間の５割強は視線を合わせ，それ以外の時間は視線を外した方が適切です。向かい合わせで話をしているときは，縦に視線を外すことを意識しましょう。軽く下を向けば大丈夫です。横に視線を外されると，自分から意識がそれたと感じ，相手はネガティブな感情を抱いてしまいます。

目を見て話すことが苦手な人は少なくありません。そんなときは“アイゾーン”を意識するところから始めましょう（図11.2）。目元から首辺りまでに視線を向けていれば，「自分に意識を向けてくれている」と相手は感じます。最初は無理に目を合わせようとはせずに，“相手の顔を見て話す”ことからはじめて，少し慣れてきたら，鼻の付け根や目と目のあいだ付近に視線を置くトレーニングをしましょう。経験上，この位置ならアイコンタクトは成立しますし，目を見るよりはストレスが少ないはずです。相手が複数人の場合は，均等な視線配分を意識してください。特定の人にだけアイコンタクトしていると，「目配せ」しているような印象を与えてしまいます。

視線は表情よりも制御が難しく，コントロールできるようになるまでに時間がかかります。少しずつ慣れるぐらいの感覚でトレーニングしましょう。

場に相応しい「立ち振る舞い」

話し手の立ち振る舞いから，相手は多くのメッセージを受け取ります。「貧乏ゆすり」をしていれば，不安やストレスを感じ取るでしょう。「ガッツポーズ」からは喜びや達成感といった印象を受けます。自分の立ち振る舞いが相手からどう見られているのかを理解する必要があります。

まずは，避けたい事例を紹介します。腕組みをする（否定のサイン），イスの背もたれに寄りかかる（横柄な印象），相手に背を向ける・向き合わない（拒絶や回避のポーズ）。これらはマイナスの印象を与えます。逆に，少しだけ前傾姿勢で相手に身体を向ければ，積極的なプラスの印象を与えることができます。

挨拶するときも，少しだけ工夫しましょう。挨拶には，カジュアルな場に適した「同時礼」，フォーマルな場に相応しい「分離礼」という2つの種類があります。日常生活では「同時礼」が自然です。「こんにちは」と言いながら，軽く頭を下げるなど，発声と動作を同時に行う挨拶になります。一方，礼節を重んじるフォーマルな場では「分離礼」がおすすめです。姿勢を正して「よろしくお願いします」と言い終えてから，ゆっくりと頭を下げます。「話す」と「動く」を分離させて，スムーズに一連の動作を行えば，場に相応しい落ち着いた雰囲気を醸し出せます。

心と身体はつながっているので，意図的に立ち振る舞いをコントロールすることで，ある程度は気持ちを整えることができます。緊張状態では身体に力が入りこわばっているので，深呼吸しながら力を抜けば，少しはリラックスできます。気分が沈んでいるときは，あえて口角を上げて笑顔になりましょう。身体につられて心が変化していきます。立ち振る舞いは気持ちを整える効果も期待できます。

アクティブリスニングという「聞き方」

話すという行為は話し手だけでは成立しません。聞き手が必要です。2つの役割は互いに入れ替わりながら，話は進んでいきます。つまり，よりよく話すには，自らよい聞き手になる必要があるわけです。そのための手法が「アクティブリスニング」です。相手の話を聞いている姿勢を積極的に示します。5つの方法を紹介しましょう。

（1）うなずき

相手の話を聞きながら，ゆっくりと顔を上下に動かします。これだけでOKです。早いうなずきを頻繁に行うと不快感を与えてしまうので，注意しましょう。

（2）相槌

話の合間に「はい」「そうですね」「なるほど」といった言葉を返していきます。「うん」は幼い感じがしますし，「へぇ〜」は相手を不快にする可能性があるので，避けた方が無難です。

（3）ミラーリング

相手の表情やしぐさを真似ることで，親近感や共感を伝えることができます。相手が笑顔ならあなたも笑顔で，悲しい表情ならあなたも悲しい表情で話を聞くとよいでしょう。

（4）リピート

相手の発言の一部を繰り返して，内容を理解したことを印象づけます。単純なオウム返しでも有効ですが，話のポイントをつかみ，リピートすればさらに効果的です。

（5）メモをとる

話を聞きながらメモをとると，相手からの信頼を得やすく，好感を抱いてもらいやすくなります。メモした内容も役に立つので，一石二鳥と言えます。

アクティブリスニングの「うなずき」と「メモをとる」動作は，相手との視線を自然に外すことができるので，目を見ることが辛くなったときに実践すれば，視線をコントロールしやすくなります。上手く活用しましょう。

信頼できる「話し方」

相手に快活な印象を与えたければ，大きな声で少しだけ早めに話しましょう。控えめな印象を与えたいなら，小さな声でゆっくりが効果的です。声の大きさや話すスピードをコントロールすれば，話す内容の説得力や信頼性をアップさせることができます。

自分の考えを主張するときは，気持ち大きめのハリのある声を意識しましょう。スピードは若干ゆっくりとしたペースがおすすめです。1分間に300文字程度と覚えておきましょう。緊張すると早口になる人がいます。早口を避けたいときは，口を縦に開くイメージで話してみてください。ゆっくりとしたペースになるはずです。早い話し方が一概にダメとは言えません。少し早いテンポで饒舌気味に話すことで，聞き手に専門性の高さを感じさせることができます。ただし，謝罪やクレーム対応では，いくら専門分野の主張であっても早口はNGです。都合の悪いことを誤魔化そうとしているように思われます。

相手と会話のキャッチボールをするときは，ミラーリングを意識して口調やペースを真似るとよいでしょう。相手がまくし立てるように話していて，強いプレッシャーを感じるときは，あえてゆっくりと話すことで場を落ち着かせることも可能です。基本の話し方は「気持ち大きめの声でゆっくりと話す」ですが，状況に応じて使い分けるとよいでしょう。

5　多様なコミュニケーション

「質問」というコミュニケーション

初対面の人と話すことが苦手な人は多いでしょう。話題が続かず，気まずい雰囲気になりそうなときは，質問というコミュニケーションが有効です。質問手法をいくつか紹介しましょう。

（1）オープンクエスチョン／クローズドクエスチョン

「○○について，どう思う？」と尋ねるのがオープンクエスチョンで，「○○については賛成？　反対？」と訊くのがクローズドクエスチョンです。

オープンクエスチョンは話題の方向性に制約がないので，相手は自由に話すことができます。でも，語れるだけの知識や情報が必要になるので，場合によっては答えにくい質問です。一方，クローズドクエスチョンは「A or B」など，あらかじめ話題を制限して質問するので，相手は答えやすいでしょう。話題の方向性をコントロールすることもできます。逆に言えば，コントロールされてしまうので，自由に語りたいときには不向きと言えます。

（2）質問を展開する

「趣味は何ですか？」「読書です」。ここでやり取りが終了してしまっては話が続きません。質問を展開していきましょう。展開方法としては「時間（過去～現在～未来）」「深掘り」「連想」などがあります。

・時間（過去～現在～未来）

「趣味は何ですか？」「読書です」「昔から本が好きなんですか？（過去）」「どんな分野の本を読んでいますか？（現在）」「読むだけでなく自分で本を書いてみようとは思いませんか？（未来）」。時間を展開させた質問をすることで，相手に対する理解も深まります。

・深掘り

「趣味は何ですか？」「読書です」「おすすめの本は何ですか？（What）」「おすすめの理由は？（Why）」「月にどのぐらい読みますか？（How Many）」など，5W2H（When, Where, Who, What, Why, How, How Much／How Many）を活用すれば，深掘りしていくことが可能でしょう。

・連想

「趣味は何ですか？」「読書です」「電子書籍を利用していますか？」「アプリは何を使っていますか？」。相手の返答から連想した内容を質問していく方法も話題が広がります。

質問されると相手は「興味を持ってくれた」と嬉しく感じますし，あなたは新しい知識や情報を得ることができます。質問は有効なコミュニケーション手段と言えるでしょう。質問スキルの向上には，幅広い分野の教養が欠かせません。大学の教養科目では，専攻や好きな分野ばかりに偏ることなく，法律や経済，社会科学，数学，化学，情報など，バランスの取れた履修を大切にしましょう。それがコミュニケーションスキルの向上につながります。

「異論」というコミュニケーション

よりよい結論を導き出す「議論」では，メンバーの意見に共感してばかりでは話し合いが深まりません。積極的に異論を伝えていく必要があります。でも，異なる意見を述べるのは勇気がいります。相手の気分を害さないかと不安にもなるでしょう。上手く異論を伝えるときのコツを紹介しましょう。

「Ａ案は違う。Ｂ案が正しい」と頭ごなしに強く主張しては，Ａ案を提案した人は自身を否定された気持ちになり，対立の構図になりがちです。否定されることが怖くて，他メンバーから異論が出にくくなる可能性もあります。よりよい議論にするためには，「No, ～」という否定から入らず，「Yes, and～」「Yes, but～」のように，まずは受容を伝えるとよいでしょう。Ａ案という意見を理解したことが伝われば，共感でなくてもOKです。そのうえで，自分の意見を展開していきます。「Ａ案という考え方もあるし，Ｂ案という考え方もあります（Yes, and～）」「Ａ案という意見もよいが，Ｂ案も検討しませんか（Yes, but～）」。こんな流れで異論を伝えれば，角が立ちにくく，お互いに萎縮せずに発言できるでしょう。多くの異論が出れば議論が深まり，よりよい結論を導き出せるはずです。

大学生活の可能性を広げるオンラインコミュニケーション

オンラインコミュニケーションの最大のメリットは，場所の制約を受けないことでしょう。以前は，離れた場所にいる人の顔を見ながら話すには，時間とお金をかけて移動するしかありませんでした。でも，オンラインを活用すれば，気軽に交流することが可能です。海外のイベントや活動に参加するなど，自分のコミュニケーション範囲を飛躍的に広げることもできます。テレワークなどの働き方を考えれば，これからの社会に必須なコミュニケーションスタイルでもあります。円滑にコミュニケーションするためのポイントを紹介しましょう。

オンラインでは，カメラとマイクで把握できる「映像」と「音声」で交流することになります。その特性を理解して対処する必要があります。

（1）リアクション

発声をともなう相槌はお互いの音がかぶりやすいので，うなずきを中心に対面時よりもオーバーリアクション気味に，ゆっくりと行いましょう。

（2）視線

視線はカメラに向けていればよいのですが，カメラばかり見ていては相手の表情がわかりません。経験上，カメラより相手の表情を見ながら話した方が円滑です。カメラと映像の位置がそれほど離れていなければ，カメラを直接見ていなくてもアイコンタクトに違和感はありません。

（3）間合い

オンラインでは間合いをとるのが難しいので，短いフレーズでテンポよく会話のキャッチボールをするのには適しません。1人が話す時間を長めにして，言いたいことを最後まで言い切ってから相手の発言を待つ。お互いに長めのインターバルでやり取りをした方がスムーズです。

（4）機能を使いこなす

オンライン会議システムには，交流を円滑にするための機能があります。画面や音声の共有，チャット，ホワイトボードといった機能を活用することで，スムーズな意思疎通や情報交換が可能になります。

オンラインコミュニケーションは今後さらに発展していくでしょう。上手く使いこなすことで，あなたの交流範囲がどんどん広がっていきます。積極的な活用をおすすめします。

引用文献

厚生労働省（2022）「新規学卒就職者の離職状況（平成31年３月卒業者）」https://www.mhlw.go.jp/stf/houdou/0000177553_00005.html（最終アクセス日：2022年12月21日）。

松村明編（2006）『大辞林』（第三版），三省堂。

索　引

欧　文

あ　行

か　行

は　行

ま・や　行

ら・わ　行

《著者紹介》

大島寿美子（おおしま・すみこ）**はじめに，第8章**

北海道大学大学院医学研究科博士課程修了。博士（医学）。現在，北星学園大学文学部教授。専門はコミュニケーション論。

大学は学生の成長を支える場所，人，ものに満ちています。思う存分使って卒業しましょう。

柿原久仁佳（かきはら・くにか）**第6章**

北海道大学大学院教育学研究科博士課程単位取得退学。現在，北星学園大学文学部准教授。専門は保護者支援，教育心理学。

小学校～大学でカウンセラーとして勤務。若い皆さんには多くの可能性があると期待しています！

金子大輔（かねこ・だいすけ）**第1章，第4章，第5章**

名古屋大学大学院教育発達科学研究科博士課程単位取得満期退学。現在，北星学園大学経済学部教授。専門は教育工学，教育情報学。

貪欲に知識を蓄え，頭がちぎれるほど考える。それを愉しめる，知的な大学生活を送れますように。

平野恵子（ひらの・けいこ）**第3章，第7章，第11章**

静岡大学教育学部卒業。現在，文化放送キャリアパートナーズ就職情報研究所所長，北星学園大学非常勤講師，札幌学院大学非常勤講師，国家資格キャリアコンサルタント。専門は新卒採用における社会問題，キャリア教育およびキャリア支援

大学生活を充実させながら成長していけるガイドブックを目指しました。是非ご活用ください。

松浦年男（まつうら・としお）**第2章，第9章，第10章**

九州大学大学院人文科学府博士後期課程単位取得退学。博士（文学）。現在，北星学園大学文学部教授。専門は言語学・音声学。

大学は失敗のできる（ほぼ）最後の場所だと思うので，思い切って色々とやってみてください。

大学の歩き方・学問のはじめ方
——新しい「自分」の可能性を見つけよう——

2023年2月20日　初版第1刷発行　〈検印省略〉

定価はカバーに
表示しています

著者　大島寿美子
柿原久仁佳
金子大輔
平野恵子
松浦年男

発行者　杉田啓三

印刷者　坂本喜杏

発行所　株式会社　ミネルヴァ書房
607-8494　京都市山科区日ノ岡堤谷町1
電話代表　(075)581-5191
振替口座　01020-0-8076

冨山房インターナショナル・藤沢製本

ISBN 978-4-623-09507-0
Printed in Japan

キャンパスライフ　サポートブック
香月菜々子
古田雅明　著
A5判二一六頁
本体二〇〇〇円

すぐ実践できる情報スキル50
塩谷京子　編著
B5判二一二頁
本体二二〇〇円

大学1年生の君が、はじめてレポートを書くまで。
川崎昌平　著
A5判一六八頁
本体一四〇〇円

よくわかる学びの技法〔第3版〕
田中共子　編
B5判一八〇頁
本体二二〇〇円

ミネルヴァ書房
https://www.minervashobo.co.jp/